금속 공예

한 국 美 의 재 발 견

8

금속공예

최응천 · 김연수 지음

솔

한국 美의 재발견 시리즈를 펴내며

우리나라는 세계 문명 발상지의 하나이며 지구상에서 가장 위대한 문화를 전개시켜왔던 거대한 중국 바로 곁에 있습니다. 우리나라는 예부터 사상은 물론 종교·미술·과학 등 모든 분야에서 중국의 영향을 받아왔지만 독자적 문화의 확립은 물론, 외래 문화의 수용에만 머물지 않고 더욱 발전시켜 때때로 중국을 능가하는 면모도 적지 않았습니다.

따라서 우리나라는 세계에서 가장 선진先進의 나라들 가운데 하나였습니다. 그러나 지난 한 세기 동안 이른바 근대화를 이룬 서양문화에 밀려 열등감을 갖거나 우리 과거의 문화를 경시하거나 관심을 가지고 있더라도 그릇 이해하는 경향이 있습니다. 이에 우리의 자랑스런 미술을 청소년은 물론 일반인들에게 올바로 인식시키고 자긍심을 회복하도록 선사시대부터 근대에 이르기까지 모든 장르에 걸친, 입문서·개설서·교양서의 성격을 지닌 『한국 美의 재발견』 시리즈를 펴냅니다.

이 시리즈가 우리 국민들에게 자랑스런 우리 문화를 재인식하는 소중한 계기가 되기를 바라마지 않습니다.

인류가 불을 발견한 이후 토기의 제작과 함께 금속을 광물로부터 제련製鍊
해내는 기술의 습득은 어느 사건보다 위대한 업적 가운데 하나였습니다. 인
류가 최초로 사용한 금 · 은 · 동으로부터 점차 청동과 같은 합금술이 이루어
지고, 이어서 철을 이용하는 주조 기술이 급진적으로 발전하게 됩니다. 금속
으로 만들어진 공예품은 원래 사용상의 목적이나 용도에 따른 실용적인 면
이 우선이었지만, 점차 보다 아름답게 표현하고자 다양한 기술과 문양이 첨
가되는 등 새로운 발전을 모색해 나갔습니다.

청동기의 전래와 함께 종교적 성격의 다양한 의기儀器로부터 출발한 선사시
대의 금속공예는 다시 삼국시대에 이르러 고분 출토품에서 볼 수 있듯이 고
도의 기술적 역량이 발휘된 정교한 작품을 남기고 있습니다. 아울러 삼국시
대 후반 무렵 중국에서 전래된 불교와 불교 미술을 통해 불교 금속공예라는
새로운 조형 활동이 이루어지게 됩니다.

이러한 우리나라 금속공예품 가운데 범종梵鐘과 사리장엄구舍利莊嚴具는 삼
국시대부터 조선시대에 이르기까지 가장 널리 제작되었고 또한 당대를 대표
하는 수준 높은 작품이 많은 점에서 단연 한국 금속공예의 중요한 위치를 차
지한다고 할 수 있습니다. 특히 우리나라의 금속공예는 그 시원적 요소가 비
록 인도나 중국에 있다 할지라도 한국적인 독창성과 특질을 지닌 우리만의
금속공예품으로 새롭게 정착 · 발전시켜 나가는 데 중요한 의미를 찾을 수
있습니다. 즉 우리나라 범종이 지닌 독특한 형태와 의장意匠, 용뉴龍鈕와 음
통音筒의 고안이 그것이며 가마의 형태를 사리기에 채용한 보장형寶帳形 사
리기의 창안, 우리나라에서만 볼 수 있는 고배형 향완香埦과 정병淨瓶에 시
문된 다채로운 은입사 문양을 통해 잘 살펴볼 수 있습니다. 뿐만 아니라 한
국적 도상과 성격을 지닌 경상鏡像의 제작, 참신한 조형성과 미감이 느껴지

는 거울과 숟가락 · 젓가락 등 어느 미술품 못지않게 우리의 금속공예품은 가장 한국적인 독창성이 잘 발휘되어 있습니다. 또한 밀교 법구 가운데 금강저와 금강령만이 유행한 점이나 운판雲板의 제작이 극히 드문 대신 쇠북이 널리 제작된 것은 그 수용과 발전에 있어서 사용상의 기능을 위주로 한 선별적인 한국적 특성이라고 할 수 있습니다.

그동안 금속공예에 관한 연구와 저술은 고고학적 성과를 토대로 한 고분 출토의 금속공예를 주 대상으로 삼아 왔습니다. 그러나 그 양이나 질적인 면에서 커다란 위치를 점유하고 있는 불교 금속공예품과 고려 · 조선시대의 작품에 대해서는 개별적인 논고 외에는 소홀히 다루어져 온 감이 없지 않습니다. 따라서 이 책에서는 선사시대와 고분 출토의 금속공예품을 제외한 삼국 · 통일신라 · 고려 · 조선시대의 작품을 중심으로 살펴보되 근래 발견 · 조사되거나 연구된 새로운 자료를 최대한 반영하여 싣도록 하였습니다. 그리고 지금까지 다루어 온 통시대적인 구성 방식과 달리 금속공예의 용도별 쓰임새를 중심으로 범음구와 공양 · 의식구, 장엄구, 신앙생활 용구로 나누고 마지막으로 일상생활 용구는 촛대, 거울, 화장 · 장신구, 주거 용구로 세분화하여 각 시대별로 대표적인 작품을 선별, 구체적인 특징과 양상을 설명하고자 하였습니다.

금속공예를 다룬 여러 책들에서 우리가 쉽게 접하면서도 생소했던 금속공예품의 용어와 구조, 문양 도면과 함께 범종의 주조 과정 등의 세부 해설을 덧붙여 독자들의 이해를 돕도록 하였고, 우리의 금속공예품과 비교될 수 있는 주요 작품을 참고 도판으로 최대한 활용하도록 노력하였습니다. 하지만 지면 관계와 사진 게재의 어려움으로 어쩔 수 없이 누락된 작품에 대한 아쉬움도 많이 남습니다.

이 책이 앞으로 우리나라 금속공예를 공부하는 이들은 물론 일반 독자들에게 도움이 될 수 있도록 노력하였으나 부족한 점이 많으리라 생각됩니다. 끝으로 이 책이 나오기까지 사진과 자료 협조를 아끼지 않은 여러 국립 및 공사립 박물관, 사찰 박물관 관계자는 물론 개인 소장가 분들께 진심으로 고마움을 표합니다.

최응천

차례

도움이 되는 글과 그림 •

한국 금속공예의 재발견

1

1. 금속공예의 의미와 기원

금속공예란 철·금·은·동·청동·아연 등 '금속을 재료로 어떠한 형체를 만드는 것'이나, '만들어진 공예품'을 말한다. 이러한 금속공예품은 사용 목적이나 용도에 따라 실용적인 면이 우선시되었지만, 점차 더 아름답게 표현하고자 여러 가지 다채로운 기술과 문양이 첨가되는 공예품으로 발전하게 되었다.

인류가 불을 사용한 것은 약 20만 년 전쯤으로 추정되지만 불을 사용해서 광석으로부터 금속을 분리해내는 기술, 즉 야금冶金을 알게 된 것은 훨씬 뒤의 일이다. BC 6000~5000년경 야금 기술이 페르시아의 일부 지역에서 발생했다고 알려져 있고, 그 즈음 오리엔트나 이집트에서 청동기青銅器 문화의 존재가 확인되었다. 중국에서도 청동기 문화가 일어나 은殷시대(BC 1600~1100년) 사람들은 대형 동기銅器를 만들어내는 기술을 가지고 있었다.

인류가 최초로 사용한 금속은 동이나 금·은 등이었다고 생각된다. 이어서 구리와 주석을 적당히 합금合金한 청동이 만들어졌다. 철이 사용된 것은 중국의 경우 BC 2000년쯤으로 추정되지만 본격적인 철기 문화가 정착되는 것은 한대漢代부

용종甬鐘
중국 주周~전한前漢,
대영박물관 소장

터이다. 그런데 이러한 금속을 가공하기 위해서는 처음에 자연적으로 만들어지는 금·은 혹은 자연동自然銅을 치거나 두드려서 금속의 소성塑性을 이용하여 펴는 단금鍛金이 먼저 시작되었을 것이다. 이후 금속을 녹여 틀에 흘려 넣어 굳히는 주조鑄造 기법은 인류가 광석으로부터 금속을 정련精鍊하는 것이 가능하게 된 후 이루어지게 되었다. 그리고 단금과 주금鑄金 기술이 발달되는 과정에서 금속에 문자나 문양을 조각하여 만드는 조금彫金과 같은 다양한 기법이 파생되었다고 생각된다.

2. 금속공예의 기술

금속공예품을 제작하는 데 사용되는 여러 가지 기법 중 가장 기본적인 것으로 주금鑄金·단금鍛金·조금彫金 등이 있다.

우선 주금은 금·은·동·철·주석 등의 금속이나 그것의 합금合金을 가열하여 녹인 후 어떤 종류의 흙이나 모래, 돌 등 불연성不燃性 물질로 만든 틀에 주입하여 불상이나 불구류佛具類, 청동거울, 꽃병 등의 여러 가지 작품을 만드는 방법을 말하며 주조 또는 주물鑄物이라고 한다.

단금은 금·은·동·철 등의 금속 또는 합금의 소성을 이용하여 두들겨서 늘이거나 축소시켜 항아리, 접시, 꽃병 등의 작품을 만드는 방법을 말한다. 여기에는 금속의 절편切片을 쇠망치나 나무망치로 두들겨 펴서 성형成形하는 단조鍛造, 금속의 판을 앞과 뒤로부터 두드려 입체를 만드는 추기鎚起, 그리고 금속판을 잘라 구부리거나 납땜하여 입체를 만드는 판금板金의 세 가지 방법이 있다.

마지막으로 문양을 표현할 때 가장 널리 사용되며 또 다채로운 기법을 보여주는 조금이 있다. 조금 기법이란 여러 가지 종류의 끌을 사용하여 금속에 문자나 문양을 조각해 만드는 방법이다. 여기에는 문양을 새기는 방법에 따라 표현하고자 하는 부분을 매우 두껍게 돋을새김한 고부조高浮彫와 안에서 바깥으로 돌출시키는 타출打出, 선으로 문양을

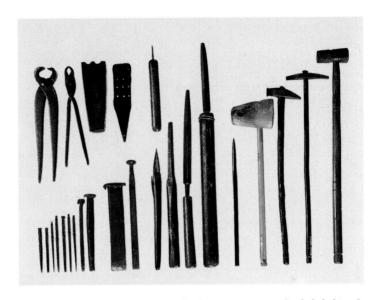

새기는 모조毛彫 · 선조線彫와 끌과 같은 도구로 조금씩 이어나가는 축
조蹴彫 등이 있으며 눈알처럼 생긴 특수 형태의 끌을 사용하여 어자魚
子무늬를 새기는 기법, 혹은 두 어자무늬가 이어지거나 연주連珠무늬를
장식하는 데 쓰인 복연점複連點무늬를 새기는 기법 등이 있다. 이 밖에
금속의 평면에 다른 금속을 집어넣는 입사入絲 · 상감象嵌도 이러한 조
금 기법에서 파생된 것이라고 볼 수 있다.

   그리고 동이나 동합금에 금이나 은을 입히는 도금鍍金이 있는데, 일
반적으로 수은에 순금을 녹여 아말감amalgam을 만든 뒤 이것을 동의
표면에 발라 장식한다.

3. 우리나라 금속공예의 성립과 발전

선사시대

우리나라의 금속 문화는 기원전 10세기경 중국의 요령遼寧 지방에서 전파된 요령식동검遼寧式銅劍의 전래와 함께 시작된다. 그러나 우리나라의 경우 본격적으로 청동기를 제작하고 사용한 것은 기원전 3세기경 중국을 통해 전해진 철기 문화가 보급되면서부터이다. 이 시기에는 철제농기구와 철제무구武具가 주로 만들어졌지만, 청동을 재질로 만들어진 금속공예품도 활발하게 제작되었다. 초기 철기시대라고도 불리우는 이 시기의 청동기는 주로 무덤 유적의 부장품으로 발견되는데, 청동거울의 경우 처음에는 거친무늬〔조문粗文〕에서 점차 기하학적인 문양이 정교하게 새겨지는 가는무늬〔세문細文〕 청동거울이 만들어지며 청동탁靑銅鐸이나 가는 몸체〔세형細形〕의 한국식동검 등과 함께 출토되는 경우가 많다. 이 외에도 따비를 이용해 밭을 가는 농경農耕무늬가 새겨진 방패형의 청동기와 방울을 넣어 소리내는 도구로 사용된 팔주령八珠鈴 · 간두령竿頭鈴 · 쌍두령雙頭鈴 청동기와 같은 특이한 형태를 지닌 예가 많다. 또한 대나무 모양의 청동기 표면에 사람의 얼굴과 손, 사슴, 기하학적 삼각무늬, 동심원무늬를 장식한 경우를 통해 이러한 청동기가 실제 사용된 실용기라기보다는 당시 부족장이나 제사장의 권위를 상징하거나 종교적 성격을 띤 의기儀器 역할을 하였다고 추측할 수 있다.

삼국시대

삼국시대에 들어오면 금 · 은 · 동 · 철 · 청동 등의 다양한 재료를 사
용한 여러 종류의 금속공예품이 제작되었고, 이들을 범笵에 녹여 붓거
나 두드려서 형태를 만들고 여기에 음각 · 양각 · 투각透刻 · 도금 · 금은
입사 등으로 장식하였다. 삼국시대 고분에서 발견되는 금관을 비롯한
귀걸이〔이식耳飾〕, 허리띠〔과대銙帶〕 및 띠드리개〔요패腰佩〕 등 각종의
금은장신구류에는 이러한 고도의 제작 기술이 발휘되었다. 공주의 무
령왕릉武寧王陵에서 발견된 금은장신구류는 6세기 전반 백제 금속공예
의 수준을 잘 보여주는 작품들로, 개개의 작품이 지니는 놀라울 만큼

정교한 제작 기술과 참신한 조형 감각은 신라·고구려와는 또 다른 백제적인 미의식을 보여주고 있다. 무령왕릉의 금속공예품은 관장식〔관식冠飾〕을 비롯하여 금동제신발, 허리띠 및 띠드리개, 귀걸이와 목걸이, 팔찌, 뒤꽂이 등의 장신구류가 주류를 이루지만, 화려한 의장의 환두대도環頭大刀 및 장도長刀, 그리고 청동거울과 청동그릇, 은제탁잔銀製托盞, 청동다리미를 비롯한 청동숟가락, 젓가락과 같은 일상 생활 금속공예품도 함께 발견되었다는 데 중요한 의미를 지닌다. 여기에는 당시 금속공예의 다양한 주조 기법과 투각·선조·누금鏤金·타출과 같은 장식 기법이 총망라되어 있을 정도로 놀라운 기량이 발휘되었다. 그 가운데 특히 주목되는 것은 명문이 새겨진 왕비의 팔찌로, 명문에서는 '다리多利'라는 장인이 520년에 제작하였음을 밝혀주고 있다. 경주의 고분에서는 백제에 비해 훨씬 방대하고 다양한 종류의 금속공예품이 발견되었다. 신라의 금관은 출자出字와 수지형樹枝形으로 장식된 독특한 형태이며 허리띠와 띠드리개, 금은제팔찌 등에서 놀라운 기량을 엿

무령왕릉 출토 왕비 팔찌

볼 수 있다. 이러한 금은장신구 외에도 은제잔이나 신발, 검집 등 외래적 요소의 독특한 문양이 시문된 금속공예품을 통해 일찍부터 외국과 긴밀한 교류가 이루어졌음도 알 수 있다.

한편, 삼국시대 후반 중국에서 전래(고구려 : 372년, 백제 : 384년)된 불교를 통해 많은 사찰이 건립되고 그에 따른 의식과 규범이 정해지면서 자연히 불교 관련 금속공예품도 제작되기 시작하였다. 이러한 불교 금속공예품은 삼국시대 고분 금속공예에서 볼 수 있는 발달된 제작 기술을 토대로 당시로서는 최대의 정성과 기술적 역량을 발휘한 높은 수준의 작품을 제작할 수 있었다. 근래 부여의 능산리陵山里절터에서 발견된 백제금동대향로百濟金銅大香盧는 백제 6～7세기 불교 금속공예의 수준을 가늠할 수 있는 대표적인 자료이다. 높이 64cm에 이르는 작품으로 밀랍주조의 탁월한 주조 기술을 보여주고 있는데, 아래

백제금동대향로

로부터 한 마리의 용이 머리를 들어 입으로 몸체의 하부 기둥을 물고 있는 받침부와 볼륨 넘치는 앙련仰蓮의 연판으로 구성된 몸체〔노신爐身〕, 그리고 박산博山 형태의 산악이 중첩 묘사된 뚜껑의 세 부분으로 이루어져 있다. 뚜껑의 정상에는 날개를 활짝 편 채 정면을 응시하고 있는 한 마리의 봉황이 장식되어 있으며 봉황 아래의 몸체에는 위로부터 악기를 연주하는 다섯 명의 악사를 비롯하여 다양한 인물과 동물상이 표현되었다. 이 향로는 불교적 세계관과 도교적 사상 등 당시 백제인이 지녔던 수준 높은 종교 사상과 정신 세계가 함축적으로 표현되어

있다는 점에서 매우 중요하다.

불교 금속공예품 중 가장 대표적이며 일찍부터 제작되었던 것이 사리장엄구와 범종이다. 우리나라에 사리가 처음으로 들어온 것은 549년 신라 진흥왕眞興王 때로 알려져 있으며, 588년에 백제에서 승려와 불사리佛舍利를 보냈다는 『일본서기日本書紀』의 기록을 통해 삼국시대 6세기 중후반경에 사리공양과 함께 사리장엄구가 제작되었음을 추측할 수 있다. 그러나 근래 부여 능산리목탑터 아래의 심초석心礎石 위에서 567년에 제작된 백제 창왕명석조사리감昌王銘石造舍利龕이 출토되어 6세기 중엽경에 이미 사리장엄과 장엄구의 제작이 이루어졌다는 적극적인 증거를 확인하게 되었다.

삼국시대의 사리장엄구는 남아 있는 탑의 수효가 적어 그 예가 매우 드물다. 삼국시대 초기 사리장엄에 있어 가장 중요한 주체는 역시 사리를 봉안했던 다중多重 구조의 사리 용기라고 할 수 있다. 7세기 전반의 경주 분황사탑 사리장엄구(634년)의 경우도 제일 안쪽에 불사리를 넣는 유리병이 있고 외함은 석재로 되어 있다. 또한 경주 황룡사의 사리장엄구(645년)는 뚜껑 덮인 동제완을 가장 바깥의 사리 용기로 채용하기도 하였다. 아울러 백제·신라의 초기 사리장엄에 진단구鎭壇具의 성격을 지닌 다양한 공양품이나 불경에 기록된 칠보장엄에 해당하는 주옥珠玉이나 산호, 금박 편 등이 함께 발견되는 것은 인도의 전통적 사리 장치 방법에 의거한 것으로 추정된다.

백제의 가장 이른 시기에는 능산리 절터의 예

백제 창왕명석조사리감

처럼 탑 심초석을 지하 깊은 곳에 놓고 심초석과 별도로 석함을 마련하여 사리를 안치하였다. 그 후 지하에 놓인 심초석에 직접 사리공을 뚫어 봉안하는 방법에서 7세기 이후에는 점차 지상 심초로 바뀌게 된다. 이러한 백제의 사리장엄 방식은 백제의 기술을 도입한 신라와 일본에서도 거의 동일하게 나타난다.

한편 우리나라의 범종은 기본 형태를 중국의 고동기古銅器에 두고 있으나, 점차 중국이나 일본 종과는 다른 독특한 형태와 양식을 지니게 된다. 삼국시대 6세기 후반경 중국에서 전래된 우리나라의 범종은 오랜 세월이 지나지 않아 독창적인 모습의 범종으로 자리잡게 된다. 우선 가장 상부에 종을 매달 수 있도록 한 용뉴龍鈕를 한 마리의 웅크린 용으로 조각하였다. 그 옆에는 우리나라 종에서만 볼 수 있는 대롱 형태의 음통音筒(음관音管)이 붙어 있는데, 내부가 비어 있고 종신 내부와 관통되도록 구멍이 뚫린 점으로 미루어 종의 울림소리에 어떠한 역할을 하도록 고안된 음향 조절의 기능을 겸하였던 것으로 추정된다. 종 몸체의 위아래에는 각각 상대上帶와 하대下帶의 문양 띠를 두르고 여기에 아름다운 연꽃무늬〔연화문蓮花文〕나 당초唐草무늬, 보상화寶相華무늬를 새겼다. 또한 상대 아래 사방으로는 네모꼴의 연곽과 각 연곽 내에 아홉 개씩 도합 서른여섯 개의 연꽃봉오리 형태의 장식을 돌출시켰다. 이 연꽃봉오리 장식은 시대에 따라 크기나 형태 면에서 약간의 변화를 보이지만, 서른여섯 개를 장식하는 것은 한국 종의 가장 두드러진 의장의 하나로 정착되었다. 종의 몸체 중간에는 하늘에서 날아 내리며 악기를 연주하는 2구 1조의 주악천인상奏樂天人像을 정교하게 새겼으며 그 사이의 여백에는 종을 치는 자리로서 별도로 마련한 원형의 당좌撞座를 앞뒤 두 곳에 배치하였다. 우리나라 범종은 이러한 양식적 특징을 기본으로 각 시대마다 조금씩 변화하며 꾸준히 제작되었다.

통일신라

통일신라시대에는 삼국시대의 공예 기술을 한층 계승·발전시켜 성덕대왕신종聖德大王神鐘(771년)이나 감은사感恩寺, 송림사松林寺 사리기와 같은 걸작을 남겼고, 월지月池 출토의 금속공예품에서 볼 수 있는 것처럼 완숙한 기형과 섬세한 문양을 지닌 작품들이 제작되었다.

이 시기에 접어들면서 사리장엄구는 금·은·동·수정·유리·납석 등을 이용해 여러 겹으로 중첩시켜 봉안하는 방식을 취하게 된다. 또한 사리가 안치되는 안쪽으로 갈수록 더 값비싼 재료를 쓰게 되며 대체로 녹색 유리제사리병이 그 역할을 담당하였다. 감은사동서삼층석탑에서 발견된 사리기(682년)는 삼국시대에서 통일신라로 이어지는 7세기 후반

성덕대왕신종

의 가장 확실한 자료로서, 이때부터 사리기와 장엄의 형식은 상자형의 청동외함과 내함, 그리고 이 내함 안에 수정제사리병을 안치하는 등 매우 구체적이고 복합적인 면모를 갖추게 된다. 이 사리장엄구는 지금까지의 방식과 달리 중국 돈황敦煌 막고굴莫高窟에서 볼 수 있는 석가의 관을 나르는 가마 형태를 사리기에 채용하여 독창적인 보장형寶帳形 사리기로 만든 점이 주목된다. 이것은 사리외함의 사천왕상에서 보이는 바와 같이 7세기 후반 경주를 중심으로 이루어졌던 새로

송림사전탑 보장형
사리기

운 양식의 수용과도 많은 연관성이 있다. 그러나 금·은·동 삼중의 상자형 용기로 보호한 경주 황복사삼층석탑(692년)의 사리기와 같이 전통적인 방식도 계속 유지되었다.

통일신라의 보장형 사리기는 이후 송림사 사리기와 같은 통일신라 사리기의 주요한 양식으로 자리잡는다. 사리용기도 쌍탑이 제작되면서 한 벌에서 두 벌로 바뀌게 되며 감은사석탑과 같이 동일한 형식을 취하는 경우도 있지만, 갈항사탑葛項寺塔 사리기와 같이 서로 다른 모습의 사리기를 각각 나누어 넣기도 한다. 이후 통일신라에서는 사리용기 이외에 법사리法舍利의 중요성이 인식되면서 황복사탑과 나원리탑羅原里塔의 사리장엄에서 불상이 봉안되기도 하였다. 또한 경전도 점차 사리장엄의 큰 비중을 차지하게 되어 불상과 함께 탑 안에 봉안되었다. 익산益山 왕궁리王宮理오층석탑에서 불상과 함께 발견된 순금제금강경판純金製 金剛經板은 이러한 의궤를 잘 보여주는 사리장엄의 일례인 동시에 세계에서 유일한 순금제불경이라는 점에서 더욱 중요한 의미를 지닌다.

통일신라 725년에 만들어진 상원사종은 현존하는 한국 범종 가운데 가장 오래되고 통일신라 범종의 전형 양식을 구비한 가장 대표적인 범종이다. 용뉴는 머리가 크고 입을 벌려 종을 물어 올리는 형태로서 연곽 내에 표현된 아홉 개씩의 연꽃봉오리〔연뢰蓮蕾〕는 높게 돌출된 매우 사실적인 모습이다. 종신鐘身에는 한 쌍의 주악상이 악기를 연주하며

천상에서 내려오는 모습을 천의와 함께 아름답게 조각하였다. 아울러 국립경주박물관에 소장된 성덕대왕신종(771년)은 총 높이 366cm에 이르는 가장 큰 범종인 동시에 정교한 주조 기술로 이루어진 세부 장식과 아름다운 종소리에서 단연 독보적인 한국 범종의 최대 걸작이다. 특히 구리 12만 근이 소요되었다는 이 범종에는 종신에 1,000여 자의 명문을 새겨넣어 종을 치는 궁극적인 목적과 조성 배경 등 당시 사회 제반 사항을 폭넓게 밝혀주고 있는 점에서 더욱 중요한 의미를 지닌다.

통일신라 종은 일본에 남아 있는 833년 제작의 조구진자常宮神社 소장 종에서 볼 수 있듯이 9세기 전반부터 앞뒤로 배치되는 2구 1조의 주악상이 1구씩의 단독주악상單獨奏樂像으로 바뀌게 된다. 904년에 만들어진 일본 우사진구宇佐神宮 소장 종은 통일신라의 마지막 편년 자료로서 용뉴와 음통의 형식화와 더불어 1구씩의 주악상이 종신에 커다랗게 배치되고, 별도의 문양처럼 배치된 명문을 새긴 방형곽이 등장하여 고려 종으로 계승된다.

이 밖에 통일신라 금속공예품으로 주목되는 것으로는 월지에서 발견된 금동가위와 금동수정상감촛대, 금동용두金銅龍頭와 금은평탈金銀平脫거울 등을 들 수 있다. 월지 출토의 금동가위는 초심지를 자를 때 쓰던 심지가위로 날 면을 반원형으로 만들어 두 날이 합쳐지면서 원형 테두리를 이루도록 구성되었다. 잘려진 심지가 원형테두리 안으로 떨어지도록 고안한 배려가 돋보이며 동일한 형식을 지닌 심지가위가 일본 쇼소인正倉院에 소장되어 있어 이 작품 역시 통일신라에서 제작된 것임을 알 수 있게 되었다. 한 쌍으로 이루어진 금동촛대는 꽃 모양으로 이루어진 몸체 전면을 금도금하고 여러 부분에 수정을 상감하여 한층 화려하게 꾸몄다. 통일신라 전성기의 문화가 초를 사용하는 등 지극히 풍

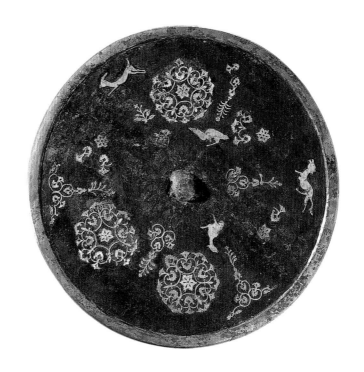

요롭고 화려했다는 점을 심지가위와 더불어 여실히 보여주는 구체적인
자료라 할 수 있다. 영주榮州에서 발견된 금동용두는 역동감 넘치는 용
머리에 갈기와 비늘까지 세밀히 표현한 당간幢竿의 상부 장식으로 턱
밑에 도르래가 달려 있다. 여기에 철끈을 연결해 깃발[당번幢幡]을 오
르내리도록 장착하였다고 추정된다. 그 예는 많지 않지만 평탈 기법을
이용하여 금은으로 문양을 장식한 두 점의 평탈거울과 나전무늬거울은
통일신라 금속공예가 당시 동양에서 선구적인 위치를 차지하고 있었음
을 입증해 준다.

고려시대

고려시대에 들어오면 불교가 더욱 번창하게 되고 사찰의 건립이 크

게 늘어남에 따라 다양한 종류의 불교 관계 금속공예품이 활발하게 제작되었다. 이것은 통일신라 후기에 크게 유행하기 시작한 선종禪宗의 영향으로 보다 복잡하고 다양한 의식과 장엄이 필요해지면서 많은 수의 의식 법구가 요구되었기 때문이다. 아울러 귀족사회의 팽창과 그 문화적 욕구를 반영하듯 화려한 의장과 문양을 지닌 각종 금속제장신구와 청동그릇, 청동거울은 물론이고 청동숟가락과 청동젓가락 등 일상용품의 제작이 크게 늘어났다. 정교한 타출 기법으로 제작된 은제병과 향합, 은제팔찌 및 장도집과 침통, 규모는 작지만 다채로운 형태와 문양의 금은제 단추 장식 등은 고려 금속공예의 화려하고도 귀족적인 면모를 잘 대변해준다.

통일신라 범종 양식을 이어받은 고려의 종은 시대가 흐르면서 형태와 장식 면에서 다양하게 변화된다. 우선 종신 하부가 점차 밖으로 벌어지는 경향을 보이며 종의 상대 위로 입상화문대立狀花文帶라는 돌출장식이 새로이 첨가된다. 악기를 연주하는 주악상 대신에 연화좌 위의 불·보살좌상을 장식하게 되며 용뉴는 그 머리가 종의 천판에서 떨어져 앞을 바라보게 된다. 동시에 크기 40cm 내외 소종小鐘의 제작이 크게 늘어난 것도 고려시대적인 특징이다.

한편, 고려 말에 와서는 연복사종演福寺鐘(1346년)을 시작으로 쌍룡雙龍으로 구성된 용뉴, 음통과 당좌가 없어지는 대신 종신에 여러 줄의 띠를 두르고 팔괘八卦무늬, 파도무늬, 범자梵字무늬 등이 장식되는 중국 종 양식이 들어오게 된다. 따라서 이후에 제작된 조선시대 종들은 전형적인 한국 종 양식에서 벗어나 중국 종을 모방하거나 중국 종과 혼합된 새로운 형태의 범종으로 바뀌게 되는 급격한 변화를 맞게 된다.

고려시대 사리기 역시 일부 신라의 전통을 따르면서도 여러 가지 새

수종사 부도 출토 사리장엄구

고려 14세기,
은제도금육각당형사리
기 높이 17.4cm,
보물 259호,
국립중앙박물관 소장

로운 요소가 첨가된다. 즉 불단과 천개 형태를 갖춘 보장형 사리기와 같은 복잡하고 화려한 형태에서 원통형·당탑형堂塔形과 같이 단순한 형태로 바뀌며 외함을 청동제 대신에 도자기로 삼은 예가 많아진다. 또한 점차 유리제사리병이 수정이나 금속제병으로 대체되는 경향을 보인다. 이러한 예를 잘 보여주는 것이 고려 후기에 제작된 수종사水鐘寺 사리기로서 중국 원나라의 대형 청자항아리를 사용하여 외함으로 삼고, 그 내부에는 팔각의 옥개와 투각된 창호로 구성된 육각당형의 은제사리기 안에 수정사리병을 안치한 형식이다. 또한 고려시대 14세기의 범종에서 외래적 요소인 중국 종 양식이 유입되는 것처럼 이 시기의 사리기 역시 형태상 많은 변모를 이룬다. 대표적인 특징 가운데 하나가 라마喇嘛 탑의 외형을 지닌 다층사리기 및 사리병 상부에 여러 층으로 된 상륜相輪을 장식한 것인데, 이는 고려 말 원나라를 통해 들어온 라마 불교의 영향임을 알 수 있다. 이러한 고려 후기의 사리기 형식 가운데 독특한 점은 내부에 안치되는 사리기의 형태가 대체로 당시 제작된 탑이나 승탑을 모방한 듯 흡사하게 표현되었다는 점이다.

향로香爐와 정병淨甁은 고려시대 불교공예품 중에서도 가장 세련된 형태와 장식을 보여준다. 고려시대의 향로는 컵 형태의 고배형高杯形이 대부분으로 몸체의 구연이 나팔처럼 벌어져 손잡이 역할을 하도록 되어 있으며, 그 아래 놓인 다리는 위가 잘록하고 아래로 가면서 넓게 퍼져 있다. 이 몸체와 다리는 따로 주조하여 결합시키는 방법을 사용하고 있다. 이러한 향로에는 표면에 문양을 파내고 은실을 얇게 꼬아 문양에 넣는 은입사 기법을 사용하여 범자무늬, 당초무늬, 용무늬, 봉황무늬를 시문하였는데, 간혹 물가의 풍경을 묘사한 회화적인 문양이 장식되기도 한다. 고려시대의 고배형 향로 가운데 가장 이른 예는 일본 고려미술관 소장의 백월암白月菴향완(1164년)으로 문양은 아직 부분 부분에만 간략히 묘사되고 있다. 그러나 고려 후기에 이르면 몸체와 다리 할 것 없이 문양이 전면을 가득 채우며 복잡·화려하게 시문된다. 특히 이들 향완의 몸체에는 반드시 원형 테두리 안에 범자문을 배치하고 있음이 주목된다.

정병은 원래 인도에서 승려가 여행을 할 때 가지고 다니던 수병水甁에서 유래한 것으로서 범어로는 쿤디카kuṇḍikā(군지軍持·군치가軍稚迦)라고 하였다. 고려시대의 정병은 가늘고 길게 솟아오른 대롱 형태의 첨대〔주입부注入部〕와 계란형의 몸체〔신부身部〕로 구성되었고, 몸체의 한 쪽에는 물을 따르는 귀때〔주구부注口部〕가 달려 있다. 이러한 정병에도 향로와 마찬가지로 은입사 기법을 사용하여 포류수금蒲柳水禽무늬나 구름무늬·학·용·화초·당초무늬 등을 아름답게 장식하였다. 국립중

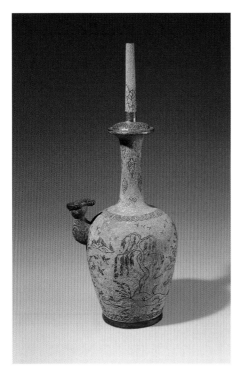

앙박물관 소장의 국보 92호 은입사정병은 고려 정병 가운데 가장 뛰어난 걸작으로 몸체를 돌아가며 앞뒤로 대칭되게 버드나무를 배치하였는데 갈대가 솟은 섬 주위에는 여러 마리의 오리가, 하늘에는 기러기가 날고 있다. 또한 배를 타거나 낚시하는 인물 등 한가로운 물가의 정경을 마치 한 폭의 화조화花鳥畵처럼 표현하였다. 고려 말에 들어와 은입사정병은 점차 수가 줄어들고 조선시대에는 전형적인 형태의 정병이 사라지는 대신 길고 잘록한 주구가 달린 주전자형의 수병이 제작되었다.

청동제은입사정병
국보 92호

고려시대에는 사찰에서 쓰인 쇠북[금고金鼓]의 제작도 크게 늘어났고 고면鼓面에 당초무늬나 구름무늬, 연꽃무늬를 화려하게 장식한 예가 많다. 고려 초기 금고의 경우 당좌를 중심으로 하여 외구外區에만 간략한 구름무늬와 당초무늬가 표현되지만 후기로 가면서 점차 고면 전체에 빠짐없이 복잡하고 화려한 문양이 장식된다.

금강저金剛杵나 금강령金剛鈴은 밀교 의식 법구의 일종으로 중국이나 일본에 비해 그 수량은 극히 적은 편이나, 우리나라의 경우 고려 후기인 13~14세기에 주로 제작되었다. 아울러 이 시기에는 거울처럼 생긴 특수한 용도의 경상鏡像도 집중적으로 제작된 점을 볼 수 있다. 경상이란 거울의 앞면을 이용하여 선각線刻 또는 묵서墨書 등으로 불교적 존상尊像을 표현한 것으로, 초기에는 실제 사용되었던 거울의 뒷면에 간략한 도상을 장식하다가 점차 경상의 목적으로 별도로 제작된 얇은 동판에 불·보살상, 관음, 사천왕상, 보탑 등을 새겼다. 형태도 다양해져 원형·방형·장방형뿐 아니라 삼각형·종鐘 모양 등으로 만들어졌다. 대부분의 고려 경상은 상단부 중앙이나 바깥 테두리 네 곳에 구멍이 뚫려 있어 신체에 지니던 호지불護持佛 또는 불감佛龕 같은 특별한 곳에 고정시켜 사용하였던 것으로 짐작된다.

고려시대의 청동거울은 일상생활에서 널리 쓰여져 대량 생산이 이루어졌고 형태와 세부 장식도 다양해졌다. 제작 방법에 따라 고려 독자적 문양과 형태를 지닌 구리거울과 중국에서의 수입품, 그리고 다시 부은 거울〔재주경再鑄鏡〕및 본떠 만든 거울〔방제경倣製鏡〕등이 있다. 거울의 뒷면에는 화조, 서수瑞獸, 용과 물고기, 봉황과 앵무 같은 동물 문양뿐 아니라 인물고사人物古事, 보상당초, 문자 등이 다채롭게 시문된다. 이러한 구리거울을 올려놓고 사용하기 위한 거울걸이〔경가鏡架〕는 X자형으로 철제지주대를 교차시켜 높낮이를 둔 2단 봉 가운데 상부 봉에는 돌출된 뉴鈕를 부착시켜 이 위에 거울 뒷면의 꼭지와 연결된 끈이 걸쳐져 거울이 비스듬히 뉘어지도록 구성하였다.

지금까지 남아 있는 대부분의 순가락·젓가락〔시저匙箸〕은 고려시대의 것으로, 고려시대 중기 이후가 되면 순가락 면의 폭이 가늘어지고 끝 부분이 더욱 날카로운 타원형을 이루며, 손잡이는 심한 굴곡을 이루어 측면에서 볼 때 완연한 S자형으로 바뀐다. 특히 손잡이의 끝단이 두 갈래로 갈라지면서 제비꼬리와 같은 모양으로 장식되어 이를 연미형燕尾形 수저라 부른다. 젓가락은 대부분 그 단면이 원형이며 앞부분으로 가면서 점차 가늘어지고 손잡이 부분에 대나무 모양으로 마디를 만들거나 그 끝단을 연꽃봉오리로 장식하기도 한다.

고려시대의 청동그릇은 청자의 초기 기형에서 많이 찾아볼 수 있는 높은 굽이 달린 대접과 운두가 깊은 합, 납작한 전접시 등 그 종류가 다양하지만 금속이라는 제작 기술상의 어려움 때문인지 형태는 비교적 단순한 편이다. 다만 은으로 만든 소형 잔에는 꽃 모양이나 정교한 용머리 손잡이가 달리고 돋을새김으로 화려하게 장식한 예도 간혹 남아 있다. 주전자는 길게 솟은 주구와 반원형의 손잡이가 달려 있는 것이 기본적인데, 뚜껑의 중앙에는 사자와 봉황 등 동물 형태나 연꽃봉오리의 꼭지를 만들어 장식성을 가미하였다. 이 가운데 미국 보스톤미술관에 소장된 은제도금주전자는 승반承盤까지 완벽하게 갖추고 있는 걸작으로, 주전자 몸체의 외면을 대나무 마디처럼 나누어 연화당초무늬를 화려하게 새겼다. 위에 올려진 뚜껑은 중첩을 이루며 위로 솟아오른 연꽃을 2단으로 만들어 상부에는 정교하기 그지없는 봉황을 조각하였다.

은제도금탁잔이나 은제합, 팔찌 등에는 높게 돌출된 타출 기법을 사용하여 화려한 장식 문양을 전면에 빠짐없이 시문하였다. 내면에서 타출시킨 뒤 다시 외부에서 그 여백을 두드려 누르는 방법을 사용함으로써 마치 누금처럼 따로 떼어 붙인 듯 입체감이 강조되었다. 고려시대의 장도집〔장도초長刀鞘〕은 상하단이 좁고 배 부분이 불룩하며 칼집 입구 부분의 한쪽을 길게 튼 모습이 전형적인데, 상부에는 장도를 끼울 수

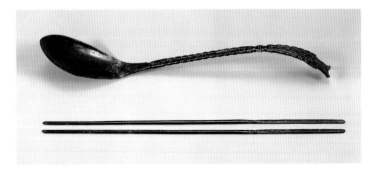

숟가락과 젓가락
고려 전기,
길이 23.8cm(숟가락),
24.3cm(젓가락),
개인 소장

은제타출용조무늬장
도집
고려 12~13세기,
국립전주박물관 소장

있도록 만든 짧은 장도 손잡이가 남아 있다.

고려시대의 금은제장신구들은 뒷면이 편평하고 한 쌍으로 되어 있는 특징을 지니고 있어 실제 직물 등에 달아 사용했던 것으로 추측된다. 이들의 주된 소재는 나비, 오리, 원앙, 학, 거북이 등의 수금류水禽類와 잉어, 게 등의 어류를 비롯한 연꽃, 여지, 모란 등의 꽃과 열매, 그리고 상상의 동물인 용과 봉황 등 주로 길상吉祥을 상징하는 무늬들이다. 고려 자물쇠의 예도 많이 볼 수 있는데, 그 형태는 장방형의 자물통 위에 비녀처럼 긴 빗장이 가로지른 모습으로 빗장에 고리를 끼워 문에 부착하였다. 간혹 빗장의 양끝을 연꽃봉오리나 용머리로 조각하거나 도금하여 장식성과 화려함을 더하였다.

조선시대

조선시대는 억불숭유 정책으로 불교 금속공예품의 제작이 그다지 활발하지 못했으나 왕실의 후원이나 부녀자들의 발원으로 만들어진 범종과 사리기와 같은 불교공예품이 꾸준히 그 맥락을 이어갔다.

한국 종의 기본 형태와 세부 의장은 고려 후기인 14세기 중엽부터 점차 사라지면서 서서히 중국 종의 형태와 의장을 받아들인 새로운 형식으로 정착되어갔다. 이러한 고려 말의 범종 양식을 이어받은 조선 초기의 종은 음통이 없어지고 한 마리의 용뉴는 쌍룡으로 바뀐다. 입상화문대는 소멸되며 상대 아래에는 범자무늬가 첨가되어 독립된 문양 띠로 자리잡게 된다. 연곽은 점차 상대에서 멀어져 아래쪽으로 내려오며 당좌가 아예 없어지거나, 있다 해도 그 수나 위치가 일정치 않아 종을 치는 자리로서가 아니라 무의미한 장식 문양으로 전락해버린다.

종신의 중단쯤에는 중국 종에서 볼 수 있는 횡대橫帶라 불리우는 두세 줄의 융기선 장식이 첨가되며, 하대가 종구에서 위쪽으로 올라가 배치되는 것이 특징적이다. 또한 종신의 여백에는 비천상飛天像이나 불·보살좌상 대신에 두 손을 모아 합장한 형태의 보살입상이 장식되며, 이밖에 용무늬·범자무늬·파도무늬 등을 필요 이상으로 시문하여 매우 번잡한 느낌을 준다. 더욱이 그 여백 면에는 대부분 주조에 관계된 긴 내용의 명문이 새겨져 있는데, 여기에 주로 제작과 관계된 인명, 시주자 명단, 발원문 등이 빽빽이 기록되어 있다. 명문은 당시의 주금장鑄金匠 사회의 분업 상황, 소속 사찰의 종교적·경제적 현황 등 사회 제반 사항을 살펴볼 수 있는 귀중한 자료가 되고 있다.

조선 초기에는 왕실의 발원을 통한 국가적인 주조 사업으로 이루어진 대형 범종도 많이 제작되었는데, 흥천사종興天寺鐘(1462년)과 보신각종普信閣鐘(1468년) 등이 대표적인 예이다. 한편 임진왜란과 병자호란 이후인 17~18세기에는 불교 미술의 새로운 중흥기를 맞게 되어 사찰마다 전쟁으로 소실된 범종을 새로이 만드는 불사佛事가 널리 행해졌

는데, 현존하는 사찰 범종의 대부분이 이 시기에
집중적으로 제작되었다. 이 시기의 범종은 다양
한 양식적 특징을 보여주는데, 통일신라나 고려
시대의 범종을 모방한 복고적 경향의 작품과 고
려 말~조선 초기에 보였던 중국 종 양식의 작
품, 그리고 중국 종과 한국 전통 종 양식이 혼합
된 작품이 만들어지는 등 매우 복합적인 양상을
띠게 된다. 그러나 이후 18세기 후반부터 19세기
에 이르러서는 양식의 혼란과 함께 주조 기술이
더욱 거칠어지고 문양이 도식화되는 등 통일신
라시대부터 꾸준히 맥이 이어져 왔던 한국 범종
의 전통이 완전히 단절되어 버렸음을 느낄 수 있다.

보신각종

  조선시대의 사리장엄구는 석탑과 부도에서 발견되지만 사리장엄 방
식이 단순해지면서 매납埋納되는 사리기의 종류와 양이 줄어드는 경향
을 보인다. 사리를 담는 사리병은 유리 대신 수정·옥·호박으로 만들
어지며 간혹 뚜껑이 달린 원통형의 유제후령통鍮製喉鈴筒을 쓰기도 한
다. 사리기의 형태는 형식에 구애되지 않고 매우 다양해지지만 뚜껑이
있는 원형 또는 원통형 합이 가장 널리 사용되었으며 사리외함으로 백
자를 사용했다. 또한 불상 안에서 발견되는 복장腹藏 유물로는 불경佛
經이나 전적典籍, 의복을 넣고 후령통 안에는 오곡五穀이나 오색실 같
은 다양한 시납물을 함께 넣는 것도 조선시대의 특징이다.

  조선시대의 금고 역시 고려시대 못지 않게 많은 수량이 남아 있으나
대부분이 임진왜란 이후인 조선 후기의 작품들로 뒷면이 넓게 뚫린 징
의 형태를 하였다. 조선시대의 금고는 고려시대와 달리 당좌구撞座區의

구별이 완전히 사라지게 되며 고면鼓面의 융기동심원隆起同心圓이 한두 줄로 지극히 간략화된다. 화려한 연화무늬나 당초무늬, 구름무늬가 사라지는 대신 바깥쪽에 범자무늬가 새롭게 등장하는 것도 조선시대 금고의 주요한 양식적 특징 가운데 하나이다. 조선 후기로 가면서 더욱 문양이 간략화되어 전혀 시문을 하지 않은 금고가 많이 제작되었다.

조선시대 불교 공예품 가운데 사찰의 사보四寶(종·운판·목어·법고) 중 하나인 운판雲板은 그 수효도 극히 적을 뿐 아니라 남아 있는 작품도 조선 후기에 한정된 것들뿐이다. 조선시대 운판은 비록 그 수효가 적으나 운판 고유의 형태인 구름 모양에서 과감히 탈피하여 자유롭고도 참신한 감각과 형태를 지니고 있음이 주목된다. 용의 굴곡진 몸체를 운판의 외형으로 삼아 서로 마주보게 배치한다거나, 마치 불꽃이 피어오르는 듯 광배형光背形으로 구성한 경우 등 매우 변화 있게 처리하고 있는 점이 그러하다. 이에 비해 방대한 양이 남아 있는 일본의 운판은 천편일률적으로 굴곡진 구름 형태라는 범주에서 벗어나지 못하고 있다. 이것은 운판의 조형이 비록 중국을 통해 유입된 것이라 할지라도 일본의 천편일률적인 구름 모양에 한정된 것과는 달리 그러한 틀에 얽매이지 않고 한국적인 운판 형태로 새롭게 수용·변화시킨 독창성이라 할 수 있다.

일반 생활 금속공예품으로는 각종 화장그릇이나 촛대·담배합 등이 남아 있으며, 이곳에 칠보나 오동烏銅을 입사하여 색채 효과를 살리고 있다. 문양 표현에 있어서도 불교적 문양보다는 부귀·장수·복을 비는 도교적 성격의 십장생十長生·신선神仙·수복壽福무늬 등이 즐겨 채용되었다. 조선 후기에 이르러서는 당시의 호사스러움을 반영하듯 여인들의 비녀와 노리개 같은 장신구류의 제작이 늘어났고 촛대와 가위,

철제은입사담배합
조선, 높이 4.1cm,
국립중앙박물관 소장

선비들의 생활용품 및 일상 그릇으로서의 놋그릇이 많이 만들어졌다.
이러한 조선시대 금속공예품은 형태가 단순하면서도 형식에 구애되지
않고, 자유분방하면서도 화려함보다는 실용적 기능과 소박함이 강조된
서민적 취향을 느끼게 한다.

4. 우리나라 금속공예의 특질

우리나라 금속공예품 가운데 범종과 사리장엄구는 통일신라부터 조선시대에 이르기까지 꾸준히 제작되었고 또한 당대를 대표하는 수준 높은 작품이 많은 점에서 단연 한국 금속공예의 가장 중요한 위치를 차지한다. 나머지는 중국이나 일본에 비해 종류도 다양하지 못하며 남아 있는 예도 적은 편이다. 이러한 불교 공예품은 원래 선종과 밀접한 관련을 지닌 것이지만 우리나라의 경우 선종과 그에 따른 불교 공예품의 제작은 다른 나라와 다른 매우 독특한 성향을 띠고 있다.

우리의 불교 공예품은 선종 · 교종敎宗이라는 종파에 상관없이 거의 모든 사찰에서 광범위하게 제작 · 사용되었으며 이것은 신앙 생활과 직접적인 관련을 가지고 만들어지는 본래의 목적이나 규범보다 사용상의 기능이 위주가 되었음을 시사해준다.

아울러 금속공예품의 수용과 발전에 있어서는 선별적이고 독창적인 한국적 특성을 지니고 있다. 밀교법구 중에서는 특히 금강저나 금강령만이 널리 제작되었고, 일본과 중국에서 그 예가 많은 선종의 대표적인 의식 법구였던 운판의 제작이 극히 적은 것은 처음부터 많이 만들지 않았기 때문이다. 또한 그 기원이 비록 인도나 중국이라 할지라도 바로 한국적인 개성이 가미된 독창적인 형태와 양식으로 소화시켜 나갔음을 볼 수 있다. 즉 한국 범종이 지니고 있는 독특한 형태와 의장, 용뉴 및

운판
조선 1760년, 남해南海
용문사龍門寺 소장

음통의 고안과 꾸준한 계승이 그것이며, 보장형 사리기라는 한국적인 사리기의 창안을 통해서도 살펴볼 수 있다. 한국에서만 볼 수 있는 고배형 향완과 은입사정병, 한국적 도상과 성격을 지닌 경상의 제작과 유행, 참신한 조형 감각을 지닌 거울과 숟가락·젓가락에서도 잘 나타난다. 이 밖에 금고의 다양한 형식 변화, 한국 운판에서만 볼 수 있는 용형龍形 및 화염광배형과 같은 독창적인 모습 등은 한국 금속공예품이 지니고 있는 특질인 동시에 한국 미술 전반에 내재된 미의식이라 할 수 있다.

한국 금속공예의 이해

2

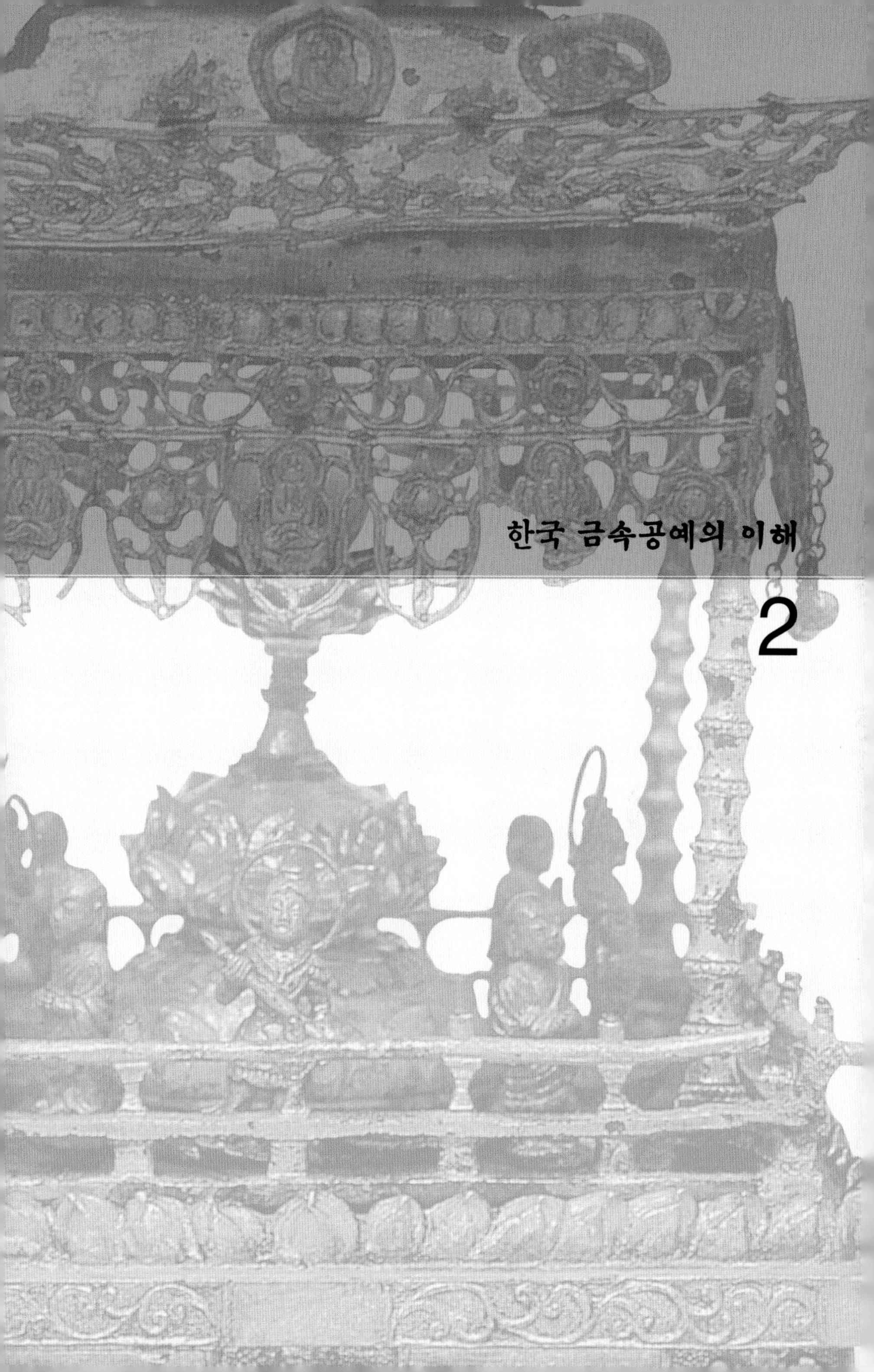

Ⅰ. 범음구

석가모니가 보리수 아래서 깨달음을 얻은 후 그 이치를 제자들에게 가르친 것이 초전법륜初轉法輪이다. 부처가 설파한 모든 말씀은 온 세상을 가득 채우는 청정한 말씀이었다. 부처의 맑고 깨끗한 음성을 통해 전달되는 진리는 모든 이들을 번뇌에서 구원하고 궁극에 가서는 그들을 깨달음에 이르게 하는 것이다. 이러한 부처의 음성과 진리의 말씀이 바로 범음梵音이다. 나아가 범음은 부처에 국한되지 않고 그를 수행하는 여러 보살과 불교계의 권속들이 부처의 진리를 전달하는 것에서도 나타난다.

이러한 범음의 의미가 더욱 확대되어, 역으로 부처와 보살들에게 공양되는 모든 음악과 소리 또한 부처와 보살들을 즐겁게 하는 범음으로 여겨졌다. 아침저녁으로 범종을 치면 그 깊고 맑은 종소리가 천지간天地間에 울려 퍼지고, 이는 종소리를 듣는 모든 대중들에게 마음 깊이 부처의 진리를 체득케 하는 원만한 소리[일승지원음一乘之圓音]가 되었다.

사찰 경내의 고루鼓樓에서 치는 북소리, 목어木魚 두드리는 소리, 운판雲板 치는 소리는 결국 짐승들을 포함한 모든 중생衆生을 구원에 이르게 하는 부처의 설법과 마찬가지이다. 아울러 법당法堂에서 구성지게 들려오는 경 읽는 소리와 어우러져 들려오는 목탁이나 경자磬子 소리

또한 사찰을 가득 채운 부처의 범음이요 극락정토인 셈이다. 이러한 부처의 음성이자 말씀인 범음은 그를 따르고자 하는 여러 제자와 신도들이 불·보살께 공양하여 바치는 음악으로도 표현될 수 있다. 불교 의식 중에 노래와 춤사위가 어우러지는 것을 범패梵唄와 범무梵舞라고 부른다. 특히 범무에서는 청동바라나 법고法鼓를 이용하여 장단을 맞추는데, 이것 또한 부처의 진리를 받아들이고 이를 널리 펼치겠다는 의미를 담고 있다.

이 모든 범음을 만들어내는 불교 용구가 범음구이다. 어느 사찰에서나 종루鐘樓나 고루에 범종梵鐘이나 큰 북을 설치하고, 이들과 함께 목어와 운판雲板을 달아 아침과 저녁에 치는데, 이 네 가지는 대표적인 범음구로서 불교 사물四物로 칭한다. 아울러 사찰의 법당이나 식당에서 불교 의식이나 공양 때 치는 금고金鼓 또한 널리 알려진 범음구 중의 한 가지이다. 그 가운데 범종과 금고는 범음구인 동시에 대표적인 불교 의식 법구法具로, 일찍이 통일신라시대부터 현재까지 가장 오랫동안 제작·사용되고 있다.

범종

범종이란 절에서 시간을 알리거나 사람들을 모을 때, 또는 의식을 행하고자 할 때 쓰이는 종을 말한다. 길게 울려 퍼지는 범종의 장엄하고도 청명한 소리는 듣는 사람들로 하여금 세상에 찌든 몸과 마음을 잠시나마 편안하게 해주며 그들의 마음을 깨끗이 참회토록 하는 역할을 하였다. 나아가 이 범종의 소리를 들으면 지옥에 떨어져 고통받는 중생들까지 구제 받을 수 있어 다시 극락으로 갈 수 있다는 심오한 뜻이 담겨져 있기에, 범종은 일찍부터 가장 중요하게 사용된 불교 의식 법구의 하나였다.

우리나라의 범종은 삼국시대의 불교 전래 이후부터 사용되었다고 생각되지만 현재 남아 있는 것은 통일신라 8세기 이후에 만들어진 종뿐이다. 특히 우리나라의 범종은 외형이 아름다울 뿐만 아니라 울림소리가 웅장하여 동양권의 종 가운데서 가장 으뜸으로 꼽힌다. 바깥 모양은 마치 항아리를 거꾸로 엎어놓은 것 같이 위가 좁고 배 부분이 불룩하다가 다시 아래쪽인 종구鐘口 부분으로 가면서 점차 오므라든 모습이다. 종의 꼭대기 부분에는 한 마리의 용이 목을 구부리고 입을 벌려 마치 종을 물어 올리는 듯한 모습을 하고 있다. 이것을 용뉴龍鈕라고 부르는데, 종을 매달기 위한 고리의 역할을 한 것이다. 용뉴의 목 뒷부분에는 우리나라 범종에서만 볼 수 있는 대롱 형태의 기다란 관이 부착되어 있으며 이것을 용통甬筒 또는 음통音筒·음관音管이라고 부른다. 이러한 용통은 속이 비어 있고 많은 수의 범종이 이 음통 아래쪽에 작은 구멍을 내어 종의 몸체 안쪽으로 뚫리도록 한 점으로 미루어 종을 쳤을 때 울림소리에 어떠한 역할을 담당할 수 있도록 고안된 음향 조절 장치로 추정되고 있다. 그러나 이러한 음통 가운데 일부는 그 안이 막혀 있거나

47

종 소리에 큰 관계가 없는 작은 종에까지 부착된 점으로 미루어 나중에는 용뉴와 함께 그 의미만이 강조되는 장식물로 변화하기도 하였다.

그리고 종의 몸체 윗부분과 종구 쪽의 아랫부분에는 같은 크기의 문양 띠를 만들었다. 이것을 각각 상대上帶와 하대下帶라 부르며 이곳에는 당초唐草무늬, 보상화寶相華무늬, 연꽃무늬〔연화문蓮花文〕 등의 식물 문양을 장식하는 것이 보편적이지만 간혹 비천이나 번개무늬〔뇌문雷文〕 같은 문양을 장식하기도 한다. 또한 상대 바로 아래 네 방향으로는 사다리꼴의 연곽대蓮廓帶를 만들고 각각의 연곽 안에 3×3열로 배열된 아홉 개씩의 돌기 장식이 배치되었다. 이 장식은 중국 종이나 일본 종과 달리 연꽃이 피어나기 직전의 봉오리 형태로 묘사되어 있다. 그리고 종을 치는 자리로서 별도로 마련된 원형의 당좌撞座가 종신 앞뒤 면 두 곳에 돌출 장식되어 있는데, 이 부분의 위치는 몸체의 약 사분의 일 정도인 종의 외형상 가장 불룩하게 솟아오른 자리에 마련하였다. 이 당좌와 당좌 사이의 빈 공간에는 악기를 연주하는 주악상이나 비천상을 조각하는 것도 우리나라 범종에서만 볼 수 있는 대표적인 특징 가운데 하나이다.

우리나라에서 가장 오래된 범종은 통일신라 725년에 제작된 오대산 상원사上院寺에 있는 종이다. 이 종은 통일신라 종의 전형 양식을 가장 잘 보여주는 작품으로, 용뉴의 용 머리가 크고 입을 벌려 종을 물어 올리는 형태이다. 연곽 안에 표현된 아홉 개씩의 연꽃봉오리는 높게 돌출된 매우 사실적인 모습이며 몸체에는 한 쌍의 주악상이 악기를 연주하며 하늘에서 날아내리는 모습을 흩날리는 천의와 함께 아름답게 조각하였다.

높이가 3.6m에 이르는 성덕대왕신종聖德大王神鐘은 원래 봉덕사奉德寺에 있던 종으로 우리에게 '에밀레종'이라는 이름으로 더욱 유명하다. 종에 새겨진 1,000여 자의 명문에 의하면 경덕왕景德王이 아버지인 성덕왕聖德王의 명복을 빌기 위해 제작코자 하다가 뜻을 이루지 못하고 그 다음대인 혜공왕惠恭王 7년(771년)에 이르러서야 완성한 것이라고 한다. 이 종은 명문에 기록된 간절한 염원의 내용을 반영하듯 일반적인 통일신라 종과 조금 다르게 몸체에는 비천상 대신 향로를 받쳐들고 기도하는 듯한 공양자상이 조각되었다. 아울러 연곽 안의 연꽃봉오리가 돌출되지 않고 납작하며 종구 부분이 8잎의 꽃 모양으로 굴곡을 이루어 한층 아름다움을 더해주고 있다.

통일신라 종은 일본에 남아 있는 833년 조구진자常宮神社 소장 종에서 볼 수 있듯이 9세기 전반부터 앞뒤로 배치되는 2구 1조의 주악상이 1구씩의 단독 주악상으로 바뀌게 된다. 904년명의 우사진구宇佐神宮 소장 종은 통일신라의 마지막을 장식하는 작품으로, 용뉴와 음통의 형식화와 더불어 1구씩의 주악상이 몸체에 커다랗게 배치되고 별도의 문양처럼 배치된 명문을 새긴 방형곽이 등장하여 고려 종으로 계승된다.

고려시대에 들어오면서 용뉴는 통일신라 종이 대부분 용의 입을 종의 상부 면에 붙이고 있는 것과 달리 점차 머리가 떨어져 앞을 바라보

연복사종
고려 1346년,
높이 324cm,
개성 남대문

거나 입 안에 표현되던 여의주가 용의 발 위나 음통 윗부분에 부착되기도 한다. 특히 고려 후기 종은 천판天板과 이어지는 상대 위를 돌아가며 연잎을 위로 세운 독특한 모습의 입상화문대立狀花文帶라는 장식이 새로이 첨가된다. 이 장식은 고려 전기 종에서 볼 수 없었던 새로운 양식적 특징으로 점차 상대보다 더욱 화려하게 표현되어 별도의 독립 문양 띠로 자리잡게 된다. 그리고 상대와 하대에도 당초무늬나 보상화무늬 외에 번개무늬, 국화무늬 등의 다채로운 문양이 장식되며 몸체에는 비천이나 주악상 대신 불·보살상을 표현하는 예가 많아진다. 아울러 원형으로 된 연곽을 표현하거나 몸체에 연곽과 당좌의 표현이 전혀 없이 영락瓔珞만을 장식한 독특한 양식의 범종도 만들어진다. 특히 고려 후기에 들어와 높이 40cm 내외의 작은 종이 많이 만들어지게 되는데, 건물 안에서 거행되는 소규모의 의식에서 사용된 것으로 짐작된다.

한편 고려 말에 와서는 연복사演福寺종(1346년)을 시작으로 두 마리의 용으로 구성된 용뉴와 음통, 당좌가 없어지는 대신 몸체에 여러 줄의 띠를 두르고 팔괘무늬와 범자무늬 등이 장식되는 중국 종 양식이 들어오게 된다. 따라서 이후에 제작된 조선시대 종들은 전형적인 한국 종 양식에서 벗어나 중국 종을 모방하거나 중국 종과 우리나라 종이 혼합된 새로운 모습의 범종으로 바뀌게 된다.

이러한 고려 말의 범종 양식을 이어받은 조선 초기의 종은 음통이 없어지고 한 마리의 용뉴는 쌍룡으로 바뀐다. 입상화문대는 없어지고 상대 아래에는 별도의 범자무늬가 장식되며 연곽은 점차 상대에서 멀어져 보다 밑으로 내려온다. 당좌는 아예 없어지거나, 있다 해도 그 수나 위치가 일정치 않아 종을 치는 자리로서의 본래 의미보다는 장식 문양으로 바뀌게 되었음을 알 수 있다. 몸체의 중간쯤에는 중국 종에서 볼 수 있는 두세 줄의 융기선 장식이 돌려지고, 몸체의 빈 곳에 불상이나 비천상 대신에 두 손을 모으고 서 있는 보살입상이 장식되는 것도 조선 시대 범종의 특징이다.

이밖에도 용, 범자, 파도 등을 복잡하게 새기며 빈 곳을 이용하여 종을 만들 때 돈을 내거나 관계된 사람들의 이름을 빽빽이 기록한 것을 볼 수 있는데, 이는 당시의 사회상을 살펴볼 수 있는 귀중한 자료가 되고 있다.

쇠북

쇠북, 즉 금고金鼓란 글자의 뜻 그대로 청동으로 만든 북으로서 금구禁口 또는 반자飯子(半子) 등으로 불리며, 절에서 쓰인 의식 법구의 하나이다. 범종이 주로 아침저녁의 예불이나 중요한 의식 법회 때 사용된 것과 비교해 볼 때 금고는 공양供養 시간을 알린다거나 사람을 모으는 등 그보다 단순한 용도로 사용되었다.

절의 건물 안팎에 간단하게 만든 나무기둥[가架]에 걸어놓거나 혹은 처마 밑에 달아 이것을 망치 모양으로 생긴 당목撞木으로 쳐서 소리 내도록 하였다. 그 소리는 범종만큼 웅장하지는 않지만 나름대로의 독특한 고음高音을 내어 불교 의식 법구로서의 중요한 역할을 해왔다. 재질은 범종과 마찬가지로 청동으로 만들어지며, 뒷면을 넓게 뚫어 공간을 마련한 납작한 원반형圓盤形이다. 반면에 측면에서 확장된 구연 부분이 후면 안쪽으로 접혀져 짧은 전을 형성하고 있는 점이 독특하다. 앞면인 고면鼓面에는 두세 줄의 동심원同心圓을 도드라지게 배치하고 그 중앙부를 범종의 당좌와 동일한 형식의 연판무늬로 장식하였다. 또한 이 당좌구 주위는 구름무늬나 당초무늬, 꽃무늬 등으로 시문하기도 하였다. 측면에는 나무기둥에 걸 수 있도록 2~3개의 고리를 부착하였으며 이 측면이나 후면 구연부에는 금고를 만든 날짜와 절 이름, 발원문과 제작자, 무게 등 금고의 제작과 관련된 명문을 기록한 경우가 많다.

통일신라의 유일한 금고이자 가장 오래된 작품은 국립중앙박물관 소장의 함통6년명금구咸通六年銘禁口(865년)로, 고면에 두 줄의 융기동심원이 둘러져 있으나 당좌구를 비롯한 고면 전체에는 문양이 전혀 시문되어 있지 않아 간결하면서도 소박한 느낌을 준다. 고려시대에 들어와서 금고의 형태는 뒷면이 넓게 뚫린 기본 형식과 함께 뒷면의 구연이 확장되어 공명구共鳴口가 좁아지는 형식, 그리고 앞뒤 면이 모두 막혀 측면에 공명구가 뚫리는 소위 일본의 악구식鰐口式 금고 등 다양한 형식이 나타난다. 고려시대의 금고를 통일신라의 것과 비교해보면 우선 고면 중앙의 연판무늬와 연밥을 장식한 당좌구가 완전히 독립된다. 이 당좌구 주위로는 두세 줄의 융기동심원을 두르고 그 구획마다 연꽃무늬, 구름무늬, 또는 꽃무늬, 여의두如意頭무늬, 당초무늬 등으로 장식하였다. 고려 초기 금고의 경우 이러한 장식 문양은 당좌를 중심으로 외구外區에 한해서만 간략한 구름무늬와 당초무늬가 표현되지만 후기로 가면서 점차 고면 전체에 빠짐없이 다양하고 화려한 문양이 첨가된다.

고려 후기에 와서는 금고의 크기가 축소되는 한편 당좌구나 외구의 구획이 분명치 않게 되며 연판무늬와, 당초무늬의 장식은 도식화되어 별 모양이나 물결무늬로 바뀌는 등 주조 기술의 급격한 퇴락을 엿볼 수 있다.

고려시대의 금고 가운데 가장 오래된 작품은 함옹9년경암사명반자咸雍九年瓊巖寺銘盤子(1073년)이며 기년명紀年銘을 지닌 작품은 약 40여 점에 달한다. 그 가운데 13세기 초~중엽에 제작된 금고가 가장 많은 수를 차지하고 있으며 이 시기의 작품이 양식적으로나 조형적으로 가장 우수하다.

조선시대의 금고 역시 고려시대 못지 않게 많은 수량이 남아 있다. 그러나 대부분이 임진왜란 이후인 조선 후기의 작품들로 현재까지도 사찰에서 계속 사용되고 있는 예를 흔히 볼 수 있다. 이 시기의 금고들은 고려 후기 작품과 비교할 때 많은 양식적 변화가 보이지만 우선 조선시대의 금고는 고려시대와 달리 당좌구의 구별이 완전히 사라지게 되는데, 이것은 이미 고려 말기에서부터 나타나던 현상이다. 고면의 융기동심원 장식이 사라지며, 있다 해도 1~2줄로 지극히 간략화된다. 화려한 연꽃무늬나 당초무늬, 구름무늬 대신 범자梵字무늬가 새롭게 등장하는 것도 조선시대 금고의 주요한 양식적 특징 가운데 하나이다.

한편 조선 후기로 가면서 더욱 문양이 간략화되거나 전혀 문양이 없는 금고가 많이 제작되었다. 이러한 경향은 통일신라시대 금고에서 볼 수 있는 고졸古拙한 단순함과 달리 주조 기술의 퇴보나 미숙함에 기인한 것이라 할 수 있다. 대부분의 작품은 뒷면이 넓게 뚫린 형식의 금고로, 명칭에 있어서도 고려시대와 달리 형태에 따른 구별이 없이 여러 가지로 혼용되어 '금기金器'나 '금구金口'와 같은 전혀 색다른 표기를 사용한 예도 찾아볼 수 있다.

운판

운판雲板은 장판長板 또는 판종板鐘이라고도 불리는 절에서 쓰이는

**가키쓰3년명운판嘉吉
三年銘雲板**

가키쓰嘉吉 3년(1443년),
크기 49.1×45.7cm,
일본 대마도 안코쿠지
安國寺 소장

의식용 법구의 하나로, 철 또는 청동으로 만들어지며 외곽의 형태가 구름 모양을 하고 있어 운판이라고 하였다. 상부 중앙에 끈을 꿰어 매달 수 있도록 한 작은 구멍이 1~2개 뚫려 있고, 몸체의 앞뒤 면에는 문양을 새겨넣은 경우를 볼 수 있다. 이 문양의 있고 없음에 따라 양면식兩面式과 편면식片面式으로 구분하기도 하는데, 대체로 운판을 치는 둥그런 당좌가 있는 곳이 전면인 고면鼓面에 해당된다. 이러한 운판이 언제부터 제작·사용되었는지에 대해서는 확실치 않지만 대략 중국의 송대宋代부터 그 명칭이나 형태가 생겨나 사찰 범음구의 하나가 되었다고 추정된다.

우리나라에는 운판의 수효가 극히 적은 데에 비해 일본의 경우 다양한 형식을 지닌 많은 수의 작품이 남아 있다. 그러나 일본 운판의 외형은 천편일률적으로 굴곡진 구름 형태의 범주에서 벗어나지 못하고 있다. 반면에 조선시대 운판은 비록 그 수효가 적으나 운판 고유의 형태인 구름 모양에서 과감히 탈피하여 자유롭고도 참신한 감각과 형태를 지니고 있다. 즉 용의 굴곡진 몸체를 운판의 외형으로 삼아 서로 마주보게 배치한다거나 마치 불꽃이 피어오르는 듯한 불꽃의 광배형光背形으로 구성한 경우 등 매우 변화 있게 처리하였다. 이것은 운판의 조형이 비록 중국을 통해 유입된 것이라 할지라도 일본의 경우와 달리 그러한 틀에 얽매이지 않고 한국적인 운판 형태로 새롭게 수용·변화시킨 독창성에 기인한 것이다.

1. 상원사종

상원사종
통일신라 725년,
높이 187cm,
국보 38호,
강원도 평창군 오대산
상원사 소장

탁본·상원사종 음통
(아래 왼쪽)

상원사종 용뉴
(아래 오른쪽)

강원도 오대산五臺山 상원사上院寺에 소장된 통일신라 범종이다. 명문에 의하면 725년에 제작된 종으로, 삼국시대 범종이 단 한 점도 남아 있지 않은 현재로서 우리나라 범종 가운데 가장 오래된 예인 셈이다. 그렇지만 상원사 범종은 우리나라 종의 시원적 작품이라기보다 전형적 양식인 통일신라 종으로 완전히 정착된 이후 제작된 전성기의 범종으로 생각된다. 몸체 윗면인 천판에 제작 시기와 그에 관계된 인명을 음각하여 놓은 것이 주목된다.

용뉴의 용은 머리가 크고 입을 벌린 채 마치 종을 물어 올리는 듯한 형상이며, 두 발로 천판을 움켜쥔 자세가 역동감 넘치게 표현되었다. 용뉴 뒤에 붙은 굵은 음통에는 앙복련仰覆蓮의 연판蓮瓣무늬를 반복 시문하였다.

상원사종 연곽
(왼쪽)

상원사종 당좌
(오른쪽)

상원사종 주악천인상
(옆면)

상대와 하대에는 주악천인상奏樂天人像이 장식된 반원형 문양을 중심으로 그 주위에 당초唐草무늬를 빽빽이 시문하였고 동일한 문양이 사방의 네모난 연곽대에도 장식되었다. 연곽 내부마다 아홉 개의 연꽃봉오리[연뢰蓮蕾]가 돌출되었으나 일부는 부러져 있다. 연곽과 연곽 사이에 8엽의 중판重瓣 연꽃무늬를 중심으로 그 바깥에 당초무늬와 둥글게 연주무늬를 돌린 원형의 당좌撞座를 배치하고, 이 당좌 사이에는 공후空侯와 생笙을 연주하는 주악천인상을 조각하였다. 흩날리는 옷자락의 우아한 모습과 신체와 얼굴에서 느껴지는 생동감 넘치는 표현은 통일신라 전성기 불교 조각의 양상을 여실히 반영해주며, 비천상 가운데 가장 우수한 조각이기도 하다.

이 종이 원래 있었던 절이나 소재지에 대해서는 분명치 않지만, 『안

동영가지安東永嘉誌』에 의하면 안동 문루門樓에 걸려 있던 것을 조선 예종睿宗 원년(1469년)에 현재의 위치인 상원사로 옮겼음을 알 수 있다. 언제부터인가 범종 종구 쪽으로부터 균열이 생기기 시작하여 여러 번 보수를 하였으나, 그 상태가 좋지 않아 현재는 전혀 사용되지 못하고 종각 안에 보관되어 있다.

2. 성덕대왕신종

성덕대왕신종
통일신라 771년,
높이 366cm,
국보 29호,
국립경주박물관 소장

**성덕대왕신종 용뉴와
천판(아래)**

성덕대왕신종聖德大王神鐘은 봉덕사奉德寺종으로도 불리우며, 높이가 3.6m에 달하는 우리나라 범종 가운데 크기나 양식 면에서 볼 때 가장 뛰어난 작품이다. 명문에 의하면 경덕왕景德王이 부왕 성덕왕聖德王의 명복을 빌기 위해 제작하려고 했으나 뜻을 이루지 못하고 그 다음 대인 혜공왕惠恭王 7년(771년)에 이르러서야 완성되었으며, 이 종을 제작하는 데 구리 12만 근이 소요되었다고 한다. 특히 이 종은 어린아이를 집어넣어 만들었다는 전설과 함께 종소리가 어머니를 부르는 듯하다고 하여 '에밀레종' 이란 이름으로 우리에게 더욱 친숙하다.

종의 세부 형태를 살펴보면, 용뉴는 한 마리의 용이 목을 구부려 천판에 입을 붙이고 있으며 목 뒤로 굵은 음통이 부착되어 있다. 대나무

가지처럼 마디가 새겨진 음통에는 위로부터 앙복련仰覆蓮의 연판무늬 띠와 그 아래에 꽃무늬가 장식된 띠를 둘러 3단을 순서대로 배치하고, 제일 하단에는 위로 향한 앙련이 새겨져 있는데, 각 연판 안에는 돌기된 꽃무늬 주위로 유려한 잎이 장식되었다. 특히 음통 주위를 작은 연꽃으로 두르고 다시 천판의 가장자리를 돌아가며 연판무늬로 장식한 것을 볼 수 있는데, 이 범종이 잘 보이지 않는 천판 부분에까지 얼마나 세심한 정성을 기울여 제작하였는지를 짐작케 한다. 상대에는 아래 단에만 연주무늬가 장식되었고 대 안으로 넓은 잎의 모란당초牡丹唐草무늬를 매우

성덕대왕신종 공양자상(위)

탁본. 성덕대왕신종 공양자상(왼쪽)

유려하게 부조하였다. 상대에 붙은 연곽대에도 역시 동일한 모란당초무늬를 새겼다.

한편 연곽 안에 표현된 연꽃봉오리는 상원사종과 달리 돌출된 형태가 아니라 연밥이 장식된 둥근 자방子房 밖으로 두 겹으로 된 8엽 연판이 새겨진 납작한 연꽃으로 표현되어 매우 독특하다. 이러한 형태는 나중에 운주지雲樹寺 소장 종이나 조구진자常宮神社 소장 종과 같은 8~9세기 통일신라 범종에까지 계승되는 일종의 변형 양식이다. 성덕대왕신종은 이뿐만 아니라 주악천인상과 종구鐘口의 모습 등이 다른 종과는 확연히 구별되는 몇 가지 독특한 양식을 갖추고 있다. 즉 종신에는 악기를 연주하는 일반적인 주악천인상과 달리 손잡이 달린 향로[병향로柄香爐]를 받쳐든 모습의 공양자상供養者像이 앞뒤 면에 조각되었는데,

63

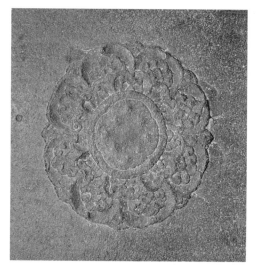

이는 종의 명문에서 볼 수 있는 것처럼 성덕대왕의 명복을 빌기 위해 제작된 것인 만큼 성덕대왕의 왕생극락往生極樂을 간절히 염원하는 모습을 담았다고 볼 수 있다. 연화좌蓮花座 위에 몸을 옆으로 돌린 공양상의 주위로는 모란당초무늬가 피어오르고 머리 뒤로 천의를 흩날리고 있다.

종구 부분 역시 여덟 번의 굴곡을 이루도록 변화를 준 점이 독특하다. 이에 따라 그 위에 장식되는 하대 부분도 8릉의 굴곡이 생기고, 굴곡을 이루는 골마다 당좌 같은 원형의 연꽃무늬를 여덟 군데에 새겼으며 그 사이를 당초무늬로 연결시켜 한층 화려하게 꾸미고 있다. 당좌는 그 주위를 원형 테두리 없이 유려한 보상화무늬로 장식하였다. 이 당좌와 공양자상의 몸체 사이에는 발원문과 함께 종 제작에 참여한 인물의 이름 등 1,000여 자의 명문이 양각으로 새겨져 있어, 당시 사회 제반 사항을 살펴볼 수 있는 귀중한 금석문金石文 자료가 된다.

운주지 소장 종

이 종은 일본 시마네현島根縣의 운주지雲樹寺에 보관되어 있는 통일신라 범종이다. 운수지
종은 주악천인상이 2구 1조의 형식이면서 횡적과 요고를 연주하고 있는 점에서 지금은 없
어진 천보天寶4년명(745년)종과 804년명의 선림원禪林院터종과 유사하며, 특히 선림원터 종
의 상하대 및 연곽대의 문양 배치 형식과 거의 동일하다. 그러나 주악천인상의 유려한 천
의와 볼륨 넘치는 신체의 표현 등으로 미루어 그보다 다소 이른 시기에 제작된 것으로 추
정된다. 원래의 명문은 없지만 일본에 건너온 다음에 기록된 1374년의 새로 새긴 명문이
남아 있다.

통일신라 8세기 후반, 높이 75. 3cm, 일본 시마네현 운주지 소장

일본에는 현재 50여 점을 헤아리는 많은 수의 우리나라 범종이 남아 있다. 이 가운데 통일신라 범종으로는 조구진자常宮神社 소장의 연지사蓮池寺종(833년), 운주지雲樹寺 소장 종(8세기 후반), 고묘지光明寺 소장 종(9세기), 우사진구宇佐神宮 소장의 천복4년명天復四年銘종(904년) 등을 비롯해 모두 네 점이 알려져 있다. 국내에는 통일신라 종이 현재 세 점에 불과하며 특히 9~10세기에 만들어진 통일신라 후기의 범종이 단 한 점도 남아 있지 않기 때문에 이들은 매우 중요한 의의를 지닌다. 특히 지금은 사라졌지만 통일신라 745년과 856년에 제작된 범종이 나가사키長崎에 있었던 사실도 확인할 수 있어 더욱 아쉬움을 준다. 이 밖에도 국내에서 찾아보기 힘든 통일신라 말에서 고려 초에 이르는 과도기적 양상을 가늠해볼 수 있는 양식적으로 매우 중요한 작품들도 꽤 많은 수가 확인된다. 특히 규슈九州 지방은 우리나라와 지리적으로 가까운 이유에

조구진자 소장 종

일본 후쿠이현福井縣 쓰루가시敦賀市의 한적한 해안가인 조구진자常宮神社 보물관에 소장되어 있는 통일신라 범종으로, 일본 국보로 지정되어 있다. 조구진자종은 성덕대왕신종(771년)에서 천복4년명종(904년)으로 연결되는 양식적 특징을 잘 보여주는 9세기 중엽의 편년 자료로서 매우 귀중하다. 명문 중 첫머리에 나오는 '태화7년太和七年'은 통일신라 833년에 해당되며, '청주연지사菁州蓮池寺'의 청주는 경상남도 진주晋州의 옛 이름이지만 연지사의 소재는 알 수 없다.

통일신라 833년, 높이 111cm, 일본 후쿠이현 조구진자 소장

우사진구 소장 종

통일신라 말 범종의 쇠퇴와 고려 범종으로의 변화 과정을 잘 보여주는 기년명 작품이 일본 오이타현大分縣 우사진구宇佐神宮에 소장된 천복4년명(904년) 종이다. 일반적인 통일신라 종에 비해 왜소한 크기이며 거칠어진 주조 기술은 문양을 포함하여 전체적으로 더욱 도식화된 느낌이 든다. 명문에 보이는 '천복4년天復四年'은 통일신라 904년에 해당되며 송산촌松山村의 위치는 알 수 없지만 그곳에 있었던 큰 절에 시납된 종이라고 해석된다.

통일신라 904년, 높이 88cm, 일본 오이타현 우사진구 소장

서인지 몰라도 가장 많은 수인 총 열두 점의 한국 범종이 산재되어 있다. 규슈의 아마키시甘木市 아키쓰키향토관秋月鄕土館에 소장된 고려시대 범종은 1988년 새로이 지하에서 출토된 작품으로 주목받은 바 있다. 주고쿠中國·산인山陰·시코쿠四國 지방에는 고려시대 963년에 제작된 쇼렌지照蓮寺종을 비롯하여 열두 점의 범종이 남아 있다. 그 가운데 스미요시진자住吉神社 소장의 범종은 높이가 142.5cm에 달하는 가장 큰 규모로, 한때 일본 국보로까지 지정된 바 있었던 양식적으로 매우 우수한 고려 초기의 작품이다. 긴키近畿·호쿠리쿠北陸지방에는 통일신라 833년에 제작된 조구진자 소장 범종 등 모두 열세 점의 범종이 남아 있으며 간토關東·도호쿠東北 지방에서는 열두 점의 우리나라 범종을 확인할 수 있지만 그 가운데 네 점은 해방 이후에 건너간 도쿄박물관東京博物館의 오쿠라小倉 컬렉션 소장품이다.

일본 소재의 한국 범종은 규슈 다음으로 교토·오사카 지역에 많으며 도쿄 쪽인 간토 지역으로 가면서 점차 그 수효가 줄어드는 흥미로운 사실을 발견할 수 있다. 그리고 통일신라와 고려 초기 범종의 경우 오이타현大分縣·시마네현島根縣·돗도리현島取縣·후쿠이현福井縣 등 주로 북부 해안 일대에 집중적으로 분포되어 있으며, 그 외의 범종도 대부분 해안에서 가까운 지역에 소장되어 있다는 점이 주목된다.

스미요시진자의 범종을 제외하고는 주로 높이 70~80cm 내외의 중형

종이 많은데, 우리나라에서 종을 가져갈 때 이동이 간편한 중형 이하의 종을 대상으로 해상 운반이 용이한 해안가 일대의 사찰이나 신사 등에 옮겨간 것으로 짐작된다.

한편으로 많은 수의 일본에 건너간 종에서 찾아볼 수 있는 추각명追刻銘이 주로 13~15세기에 기록된 내용이 대부분인 점은 우리나라에서 왜구의 피해가 극심했던 시기적 상황과 무관하지 않다. 즉 우리나라 종 가운데 조형적으로 우수하면서도 이동이 간편한 중형 종을 약탈의 대상으로 삼아 고려 후기인 13~14세기에 집중적으로 탈취해간 것임을 시사해준다. 그러나 결국 50여 점이 넘는 우리나라 종이 일본에 남아 있다는 사실은 우리나라 범종의 뛰어난 예술적·종교적 가치를 대변해주는 자료라 할 수 있다. 일본 종에서 찾아볼 수 없는 우리나라 범종의 아름다움과 심오한 소리에 매료된 당시 일본인들이 우리나라의 종을 얻고자 얼마나 많은 열정을 들였는지를 짐작할 수 있다. 또한 일본에 있는 한국 범종은 우리의 범종 연구뿐 아니라 미술사의 커다란 공백을 메꿔 수 있는 귀중한 일부분이 된다는 사실을 염두에 두어야 할 것이다.

청부대사종

청부대사靑鳧大寺종은 고려 전기 범종 가운데 주조기술이나 문양 면에서 가장 돋보이는 작품이다. 장방형의 명문곽은 이후 제작된 고려 중기 범종에서 빠짐없이 표현되는 양식적 특징으로 자리잡는다.

고려 1032년, 높이 77.5 cm,
일본 오쓰시 비와코문화관 소장

건통7년명종

건통7년명乾統七年銘종은 방형의 명문곽에 '관세음사觀世音寺에서 건통 7년인 1107년에 50근의 중량을 들여 만들었다'는 내용을 음각하였다. 12세기 초 범종의 양식적 특징을 규명해볼 수 있는 편년 자료이다.

고려 1107년, 높이 47.7cm,
일본 도쿄국립박물관 소장

명창7년명종

명창7년명明昌七年銘종은 입상화문대를 기준으로 고려 종을 구분할 때 입상화문대가 없는 고려 전기 종의 거의 마지막에 해당되는 작품이다. '명창 7년(1196년)에 덕흥사德興寺에 걸렸던 범종'이라는 내용의 명문이 음각되어 있다.

고려 1196년, 높이 47.7cm,
일본 도쿄국립박물관 소장

3. 통화28년천흥사명종

이 종은 국내에 남아 있는 고려 범종 가운데 가장 연대가 앞서는 작품으로, 통일신라 종 양식을 충실히 계승하면서도 부분적으로 변화를 준 고려 초기 범종의 양식을 잘 따르고 있다.

역동감 넘치게 조각된 용두는 입을 천판상에서 떼어 앞을 바라보고 있는 점이 통일신라 종과 구별된다. 굵고 긴 음통을 대나무 마디 형태로 나누어 당초무늬와 보상화무늬를 시문하였고, 천판 중앙부의 용뉴 주위에는 주물 자국이 도드라져 있다. 그리고 이 천판의 외연부를 돌아가며 복엽複葉의 연판무늬를 촘촘히 시문한 것도 고려적인 요소라 할 수 있다. 상하대는 동일한 문양으로 그 외연을 연주무늬 띠로 장식하고 내부에는 보상당초寶相唐草무늬가 화려하게 시문되어 주조 기술 면에서는 통일신라 9~10세기 종에 비해 훨씬 정교하게 처리되었다. 상대 아래 붙은 연곽대에도 동일한 보상당초무늬가 장식되었고 연곽 안에는 연화좌 위에 높게 돌기된 아홉 개의 연꽃봉오리가 배치되었다. 연곽과 연곽 사이에 해당되는 종신 하부에는 구름 위에서 천의를 날리며 합장한 모습의 공양상과 당좌를 번갈아가며 1구씩 배치하였고 한쪽 비천과 당좌 사이의 공간을 택해 위패형位牌形으로 만든 명문곽을 별도로 부조시켜 명문을 새긴 점은 새로운 고려적 요소라 할 수 있다. 통화統和는 요遼나라의 연호年號로서, 그 28년은 고려 1010년에 해당된다. 이 종이 있던 천흥사天興寺는 922년 지금의 청원군淸原郡 성거산聖居山에 창건된 절로, 종은 절이 폐사된 뒤 한때 경기도 광주廣州의 관아에 옮겨졌다가 이왕가李王家박물관을 거쳐 현재 국립중앙박물관에 소장되어 있다.

71

4. 용주사종

용주사종
고려 11세기,
높이 144cm,
국보 120호,
수원 용주사 소장

용주사종 용뉴
(옆면 위)

**탁본. 용주사종 비천
상(옆면 아래)**

이 종의 용뉴는 목을 구부려 천판을 물
고 있는 용이 보주를 물고 있으며 왼발을
위로 들었다. 용뉴 뒤에 붙은 굵은 음통
에는 위로부터 원형무늬와 반원권半圓圈
무늬, 당초무늬를 차례로 시문하였다. 특
히 천판 위의 용뉴 주위를 돌아가며 용뉴
와 음통을 별도로 주조할 때 생긴 주물
접합선이 한 단 높게 돌출되어 있음이 주
목된다.

상대와 하대는 서로 다른 문양으로 장
식되었는데, 반원권을 번갈아가며 배치한
상대와 달리 하대에는 연당초무늬가 시문
되었다. 상대 아래 붙은 연곽대에는 당초
무늬를 시문하고, 촘촘하게 장식된 연꽃
좌 위에 아홉 개의 연꽃봉오리가 높게 돌
출되었다. 종신 상부의 연곽과 연곽 사이
에는 삼존상三尊像과 비천상을 번갈아 부
조하였는데, 이는 고려 초기 종에서 보이
는 몸을 옆으로 뉘어 나는 비천〔비행비천
飛行飛天〕에서 불·보살상으로 변화되는
과도기적 양상을 보여주는 예라 할 수 있
다. 그 가운데 삼존상은 중앙의 불좌상을
중심으로 좌우에 합장한 보살상이 구름
위에 올려 있는 연화좌에 앉아 있는 모습

으로, 두광頭光 뒤로 천의가 유연한 곡선을 그리며 휘날리고 있다. 비천상은 구름 위에서 몸을 앞으로 숙인 채 한 손은 밑으로 내리고 다른 손은 위로 올려 지물持物을 들고 있으며 틀어 올린 높은 보발寶髮과 목걸이까지 세밀하게 묘사되었고, 머리 뒤로 휘날리는 천의는 유연하면서도 아름답게 표현되었다.

당좌는 원형의 연꽃무늬 주위를 고사리형의 당초무늬로 두른 약간은 도식화된 형태로서, 통일신라 종에 비해 아래쪽으로 치우쳐 하대 바로 위에 배치되었다. 특히 용주사龍珠寺종은 종신에 854년에 주조되었다는 음각명이 있어 한때 통일신라 작품으로 알려져 왔다. 그러나 통일신라 종과 확연히 구별되는 고려시대 종의 양식적 특징을 엿볼 수 있어 명문은 어느 시기인가 위조된 것으로 밝혀지게 되었다.

탁본. 용주사종 상대와 연곽대(위), 당좌(가운데), 하대(아래)
용주사종에 부조된 삼존상(오른쪽)

5. 청녕4년명종

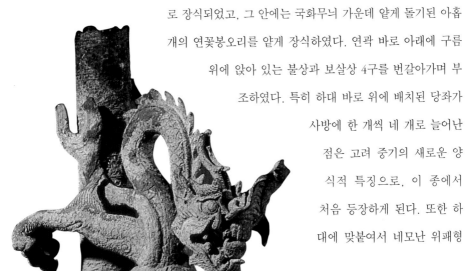

청녕4년명종
고려 1058년,
높이 84.7cm,
보물 1166호,
국립중앙박물관 소장

청녕4년명종 용뉴
(아래)

1974년 4월 경기도 여주驪州에서 발견된 범종으로, 고려 전기의 과도기적 양식에서 벗어나 이제 고려 종으로의 완전한 양식적 정착을 이루게 되는 특징을 여실히 보여준다. 용뉴에서 용의 머리가 천판에서 떨어져 정면을 바라보게 함으로써 입 안에 보주를 물고 있는 모습이 확연히 드러난다. S자로 힘찬 굴곡을 이루는 목은 갈기와 비늘까지 섬세하게 묘사되었고, 다리 앞에서 좌우로 뿔처럼 길게 뻗어 나온 갈기 장식이 음통 좌우로 부착되는 등 새로운 모습을 볼 수 있다. 가늘고 긴 음통은 연주무늬 띠로 구획을 나누어 연당초무늬를 얕게 시문하였고, 연주무늬 띠로 두른 상하대에는 모란당초무늬가 섬세하게 장식되었다. 특히 상대의 무늬 띠 위로 천판 외연부를 돌아가며 구름무늬 또는 당초무늬처럼 장식된 띠가 위로 솟아 있다. 이는 고려 후기 종의 새로운 양식적 특징 가운데 하나인 입상화문대立狀花文帶가 표현되기 시작함을 시사하는 매우 흥미로운 표현이다. 네 개의 연곽대는 상하대와 동일한 문양으로 장식되었고, 그 안에는 국화무늬 가운데 얕게 돌기된 아홉 개의 연꽃봉오리를 얕게 장식하였다. 연곽 바로 아래에 구름 위에 앉아 있는 불상과 보살상 4구를 번갈아가며 부조하였다. 특히 하대 바로 위에 배치된 당좌가 사방에 한 개씩 네 개로 늘어난 점은 고려 중기의 새로운 양식적 특징으로, 이 종에서 처음 등장하게 된다. 또한 하대에 맞붙어서 네모난 위패형

位牌形 명문구를 마련하여 유려한 필치의 음각 명문을 새겨넣었다. 명
문 가운데 '청녕淸寧 4년'은 고려 문종文宗 12년인 1058년에 해당되며,
절 이름은 보이지 않으나 50근의 중량이 소요되었다고 기록되어 있다.

6. 오어사종

오어사종
고려 1216년,
높이 93.5cm,
보물 1280호,
경북 영일 오어사 소장

오어사종 용뉴(아래)

경북 영일에 위치한 오어사吾魚寺 경내에서 발견된 양식적으로 매우 뛰어난 고려 후기 범종이다. 특히 몸체에 정우 4년인 1216년에 제작되었음이 기록되어 있어 고려 후기의 귀중한 편년 자료가 된다.

S자형으로 굴곡을 이룬 용뉴의 용 머리는 앞을 바라보고 있으며 가는 목에는 비늘과 갈기가 섬세하면서도 사실적으로 표현되었다. 용의 이마 위로 솟아난 뿔은 앞뒤로 갈라져 있고 용의 입 안과 오른발 위로는 보주가 표현되었는데, 특히 발 위의 보주는 칠보七寶무늬처럼 투각 장식되었다. 음통 위에도 작은 보주가 둘러져 장식되었으며 연당초蓮唐草무늬가 장식된 음통 위로 마치 새 깃털 같은 용의 갈기가 부조되었다.

천판의 바깥 테두리에는 입상화문대를 높게 돌출시켰고 상대와 하대에는 활짝 핀 연꽃과 연꽃을 줄기로 연결시킨 연당초무늬를 부조하였다. 상대 아래의 연곽에는 연꽃 위에 높게 돌기된 연꽃봉오리가 아홉 개씩 배치되었으나 일부는 부러졌다. 연곽과 연곽 사이에는 구름 위에 무릎을 꿇고 몸을 옆으로 돌린 채 합장한 모습의 보살좌상을 앞뒤 두

곳에 부조하였다. 보살상 사이에는 원형의 자방 주위를 이중의 도식적

인 연판으로 두른 당좌를 배치하였다.

특히 이 종에서 주목되는 것은 한쪽·당좌 위로 위패 모양의 명문곽을

만들어 그 안에 '옴마니반메홈'으로 보이는 '육자광명진언六字光明眞

言'을 양각시킨 점이다. 지금까지 범종의 경우 이처럼 몸체에 범자梵字

무늬를 새긴 것은 무술명戊戌銘 범종과 같은 극히 일부의 고려 13세기

후기 종에서 찾아볼 수 있었으나, 1216년에 이미 범자무늬가 등장하였

음을 알 수 있게 되었다. 더불어 조선 봉선사종에서 볼 수 있는 '육자광

명진언'의 원류를 이 오어사종과 같은 고려 13세기 종에서 찾아볼 수

있다는 점에서 더없이 귀중한 자료라고 할 수 있다. 명문은 '동화사桐

華寺 스님들이 공동으로 발원하여 300근의 중량을 들여 오어사종을 정

우貞祐 4년에 대장大匠 순광順光이 만들었다'는 내용을 기록하였다.

내소사종(앞면)
고려 1222년,
높이 103cm,
보물 227호,
부안 내소사 소장

내소사종 용뉴(아래)

이 종은 고려시대 13세기에 많은 수의 범종과 반자飯子를 만들었던 주금장 한중서韓仲敍에 의해 제작된 대표적인 범종이다. 원래는 고려 1222년에 변산邊山의 청림사靑林寺종으로 만든 것이었으나, 조선 철종 哲宗 4년인 1853년에 지금의 내소사來蘇寺로 옮겨지게 되었다는 사실을 명문을 통해 알 수 있다.

섬세하게 조각된 용뉴의 용은 얼굴을 들어 앞을 바라보고 있고, 입 안에 보주를 물고 있다. 위로 올린 한쪽 발 위에는 보주를 움켜쥐었고, 가늘고 긴 음통 위에도 작은 보주가 부착되었다. 천판 외연에 둘러진 입상화문대는 높게 돌출되고 각 연판 안으로 꽃술 장식이 첨가되는 등 매우 화려하게 꾸며졌다. 또한 상대와 하대에는 유려한 연화당초蓮花唐 草무늬가 시문되었고, 폭이 좁아진 연곽대에는 외연에만 연주무늬 띠를 첨가하고 안에는 상하대 문양보다 도식화된 연당초무늬가 장식되었다. 연곽 아래마다 한 개씩, 도합 네 개의 당좌를 배치하였는데, 연밥이 장 식된 자방을 다시 삼중 원의 국화형 테두리로 두른 뒤 원권 없는 12엽 의 중판 연꽃무늬를 시문한 모습이다.

연곽과 연곽 사이의 종신 가운데 부분에는 흩날리는 천개天蓋 아래로 연꽃과 구름의 화려한 대좌 위에 표현된 삼존상이 사면에 고부조되었다. 이 삼존상은 결가부좌한 여래상을 중심으로 양 옆에 합장한 보살입상을 1조로 배치한 모습으로, 머리 뒤로 천의가 넘실거리며 솟아올라 있다. 고려 13세기 범종 가운데서도 양식적으로나 문양 면에서 가장 뛰어난 작품으로 평가된다.

8. 탑산사종

탑산사종
고려 1233년,
높이 79cm,
보물 88호,
전남 대흥사보물관 소장

내소사종과 함께 고려 후기에 만들어진 대표적인 작품 가운데 하나가 현재 대흥사大興寺보물관에 소장되어 있는 탑산사塔山寺종이다. 이 종은 내소사종과 양식적으로 매우 유사하지만 그보다 훨씬 도식화된 느낌이 강하여 시대적인 변화를 느낄 수 있다.

우선 역동감 넘치게 조각된 용뉴에서 용은 입을 크게 벌려 앞을 바라보고 있으며, 음통 옆으로 사실적인 갈기 장식이 조각되었고 발 위에는 커다란 보주를 잡고 있다. 상대 위로 5각형의 연잎으로 장식된 입상화문대가 높게 돌출되어 있으며, 상하대와 연곽대에는 모란당초무늬를 시문하였다. 그리고 네 개의 연곽 안에는 날카롭게 처리된 6엽의 연화좌 위에 낮게 돌출된 아홉 개의 연꽃봉오리가 장식되었다. 연곽 아래마다 배치된 네 개의 당좌는 하대 쪽으로 치우쳐 있으며, 이중 원의 국화형 자방 바깥으로 8엽의 연판과 그 외곽을 연주무늬 띠의 원권으로 두른 13세기 종의 전형적인 모습이다. 연곽과 연곽 사이에는 두광頭光과 신광身光을 갖추고 구름 위에 앉아 있는 보살상을 네 면에 동일하게 부조하였다.

그리고 한쪽 보살상 아래에 서툰 글씨로 음각 명문을 새겨넣었는데, 명문 가운데 계사년癸巳年은 종의 양식적 특징으로 보아 1233년으로 추정된다. 몽고의 침입과 전란을 겪게 되는 정우貞祐 연간(1213~1216) 이후부터 13세기 후반까지 연호의 사용이 어려웠던 듯, 탑산사종처럼 명문에 간지干支만 사용한 경우가 많다.

9. 보신각종

　종의 몸체에 조선 세조 14년인 1468년에 만들어진 범종이라고 기록
되어 있다. 높이 318cm에 이르는 대형 작품으로 성덕대왕신종과 연복
사종 다음으로 큰 범종이다. 보신각普信閣종으로 불리우던 이 종은 원
래 신덕왕후神德王后의 정릉貞陵 곁의 원찰에 있던 것이라고 한다. 이를
원각사圓覺寺로 옮겨놓았다가 임진왜란 직후인 1597년에 원래의 종각
과 종이 불타면서 이 종을 다시 종각에 걸게 되었다. 그 후 1895년에 보
신각이란 이름을 붙여 지금까지 전해지게 된 것이다.

　고려 말 연복사종(1346년)을 통해 들어온 중국 종의 양식을 그대로
계승한 작품으로, 용뉴는 하나의 몸체로 된 쌍룡이며 음통은 없다. 종
의 몸체에는 상 · 중 · 하단의 세 곳에 융기선 띠를 둘러 구획을 나누었
는데, 다른 장식 문양은 전혀 새겨져 있지 않다. 천판에서부터 윗부분
의 융기선 띠까지 주물 흔적이 거칠게 남아 있고, 종신에 연곽이 전혀
없으나 한쪽에 희미하지만 보살입상이 부조된 모습을 확인할 수 있어
어느 때인지 몰라도 인위적으로 삭제시켰던 것으로 짐작된다. 중단에
둘러진 세 줄의 융기선 띠 아래와 종구에서 한참 위로 올라온 하단의
띠 사이 공간 중간 부분에 종을 주조할 때 관련된 인명을 계급별 · 직급
별로 세분하여 기록하였다. 이들은 당시 국가적 차원에서 이루어진 기
념비적 범종이라는 점을 반영하듯 관에 소속된 인물들이 주류를 이루
고 있음이 주목된다.

10. 낙산사종

낙산사종
조선 1469년,
높이 158cm,
보물 479호,
강원도 양양군 낙산사
소장

쌍룡으로 구성된 용뉴와 범자무늬, 종신에 둘러진 세 줄의 횡대 아래로 파도무늬 띠를 두르는 등 전형적인 중국 종의 양식을 따랐다. 종신에 비해 크게 묘사된 용뉴는 하나의 몸체를 두 마리의 용이 서로 뒤엉켜 머리를 반대로 두었고 두 다리로 불룩 솟아오른 천판을 굳건히 밟고 있는 모습이 용맹스럽게 묘사되었다. 천판 조금 아래의 종신 윗부분에는 조금은 도식화된 네모꼴의 연판무늬 띠를 둘렀고, 그 바로 아래에 '광명진언光明眞言'으로 보이는 양각의 굵은 범자무늬를 둥글게 돌아가며 배치하였다. 직선으로 된 종 몸체의 가운데 부분에 세 줄의 융기선 띠를 둘러 위아래로 나누었는데, 상부 종신 면에는 우리나라 범종에 보이는 방형의 연곽과 연꽃봉오리가 전혀 표현되지 않은 점이 독특하다. 대신 네 방향으로 보살입상을 1구씩 부조하였다. 이 보살입상은 조선 불화에 나타나는 도상을 충실히 따른 듯 양손을 가슴 앞에 모아 합장한 채 두 발로 연화좌를 밟고 있는 자세이다. 머리 위에는 화관을 쓰고 뒤에 둥근 두광이 걸려 있으며 양 어깨에 걸친 천의가 손목을 감싸며 유연하게 흘러내렸다. 이 보살상과 보살상 사이의 여백에도 범자무늬가 수평으로 네 자씩 양각되었다.

융기선 횡대 아래에는 긴 내용의 양각 명문을 새겼고 종구 쪽에서 조금 위쪽으로 올라온 곳에 파도무늬 띠를 둘렀다. 이 종은 고려 말기 연복사종을 통해 유입된 중국 종의 양식을 그대로 따르고 있어 우리나라 종으로는 드물게 종신의 연곽과 연꽃봉오리가 생략된 점이 매우 독특하지만, 같은 해에 만들어진 봉선사종에서 다시 이러한 문양이 재현되고 있음을 볼 수 있다.

양각으로 새겨진 명문에 의하면 성화成化 5년인 조선 1469년에 세조대왕世祖大王이 낙산사洛山寺에 행차하여 중창重創하기 시작한 것을 기리기 위해 예종의 명에 의해 주조된 것임을 알 수 있다. 따라서 이 종 역시 다른 조선 초기 범종과 마찬가지로 왕실의 발원에 의한 것이지만 처음부터 사찰용으로 만들어진 작품이다. 명문 가운데 조각장彫刻匠, 각자刻字, 주성장鑄成匠, 주장注匠, 노야장爐冶匠, 목수木手, 수철장水鐵匠과 같은 세밀한 분업 상황과 참가자 명단이 자세히 기록되어 있어 조선 전기의 수공업을 연구하는 데 많은 자료를 제공해준다. 특히 범종에 부조된 보살상을 그린 것으로 추정되는 화원畵員 이장손李張孫은 조선 전기 궁중宮中화원으로 활동하였던 화가로 범종 제작에도 참여한 것을 알 수 있다.

탁본. 낙산사종 범자(옆면 위)

전등사종(옆면 아래)

중국 북송 1097년, 높이 164cm, 보물 393호, 강화도 전등사 소
장. 철로 만들어진 북송대北宋代의 범종으로, 중국의 숭명사崇明寺라
는 절에 있던 종이다. 일제강점기에 중국에서 무기 제작용으로 공출
되었다가 해방이 되자 전등사에 소장된 기구한 운명의 종이다.

탁본. 낙산사종 보살입상(아래)

봉선사종
조선 1469년,
높이 238cm,
보물 397호, 경기도 남
양주군 봉선사 소장

불룩 솟아오른 천판 위에 역동적인 모습의 쌍용으로 구성된 용뉴가 있으나, 음통은 없다. 용뉴 주위에 각이 진 복판의 연꽃무늬가 상대처럼 둘려져 있다. 그 아래의 종신 윗부분에 한 줄의 횡대를 두르고, 가운데 부분에 다시 세 줄의 융기 횡대를 둘러 위아래로 나누었다. 이를 중심으로 상부에는 사방에 아홉 개씩의 연꽃봉오리가 장식된 연곽대와 그 사이마다 1구씩, 도합 4구의 합장한 형태의 보살입상을 조각하였다. 보살상의 광배 좌우에 '옴옴' 자의 범자무늬를, 연곽대 하부마다 '옴마니반메훔'이라는 여섯 자의 '육자광명진언六字光明眞言'을 양각하였다. 일체의 죄를 소멸한다는 의미를 지닌 '육자광명진언'은 고려시대 오어사종에서 처음 문양으로 등장하였으며 조선시대 봉선사奉先寺종으로 계승된다. 그러나 이후에 제작된 종에는 원래 글자에서 변모되거나 조선후기 종의 경우 '옴' 자 한 자만이 표현되어 간략화되기도 한다.

종신 가운데에 둘러져 있는 융기선 띠와 종구에서 약간 위로 올라와 있는 하대처럼 표현된 문양 띠 사이에 긴 내용의 명문이 양각되었으며, 그 아래의 문양 띠 안에는 파도무늬를 빽빽이 시문하였다. 명문에 의하면 예종睿宗 원년인 1469년에 세조世祖의 광릉光陵 옆에 능사陵寺인 봉선사를 창건하면서 함께 만든 범종으로, 낙산사종보다 세 달 후에 제작된 것이다. 또한 낙산사종을 만들었던 정길산鄭吉山, 이파회李波廻, 오춘경吳春敬 등이 동일한 주성장鑄成匠으로 기록되었고, 나머지 조역 가운데 일부가 동일 인물들로 구성되어 이 종은 낙산사종과 거의 동일한 양식으로 만들어졌다. 그러나 화원이 이백련李百蓮이라는 새로운 인물로 바뀌었기 때문인지 몰라도 보살상의 모습은 낙산사종과 약간 차이를 보인다. 조선 초기에 만들어진 대형 범종 가운데 형태가 안정되고 세련된 문양이 정교하게 표현된 우수한 작품이다.

93

12. 갑사동종

갑사동종
조선 1584년,
높이 128.5cm,
보물 478호,
충남 계룡산 갑사 소장

갑사동종 용뉴(아래)

갑사甲寺 범종각에 걸려 있는 종으로, 종신은 상부가 좁고 아래로 가면서 점차 넓게 퍼진 원추형圓錐形을 이루었다. 정상부에는 하나의 몸체로 이어진 쌍용으로 구성된 용뉴가 배치되었고, 음통이 표현되지 않는 등 중국 종의 양식을 따르고 있다. 그러나 천판 바깥쪽 상대 위로는 구름 모양의 입상화문대가 나지막이 표현되어 있어 고려 후기 전통형 범종의 여운을 반영하고 있다.

상대는 2단으로 구성되었는데, 상단에는 사각형으로 된 두 겹의 연판무늬를, 하단에는 원권의 범자무늬를 시문하였다. 상대 아래의 방형 연곽대에는 가는 선으로 당초무늬를 시문하였으며, 연곽 내부에는 연판 위에 낮게 돌출된 연꽃봉오리를 아홉 개씩 장식하였다. 네 개의 연곽 아래마다 당좌를 배치하였는데, 이중 원으로 둘러진 당좌의 아랫부분에 구름무늬를 장식하여 마치 구름이 당좌를 받치고 있는 듯한 독특한 의장으로 표현하였다. 연곽과 연곽 사이에는 몸을 옆으로 돌린 채 머리를 깎은 승려 모습의 입상이 1구씩 도합 네 곳에 부조되었다. 이들 승

형 입상은 왼손에 연꽃을 받들고 오른손으로는 석장錫杖을 잡은 모습으로 미루어 지장보살상地藏菩薩像을 표현한 것으로 추측된다. 이처럼 범종의 보살상으로 지장보살상이 표현된 것은 이 종이 거의 유일한 예이다. 종구에서 약간 위로 올라온 곳에 하대를 두어 정면과 옆면으로 표현된 연꽃을 번갈아 배치한 뒤 그 사이를 굴곡진 연당초무늬로 장식하였다.

이 종의 연곽과 보살입상 사이의 한쪽 여백에는 '조선 선조宣祖 16년(1583년)에 북도北道의 오랑캐가 난을 일으켜서 하삼도下三道 각 절의 종을 모아 우리나라 군사들의 무기를 만들었는데, 이곳 갑사는 국왕의 성수聖壽를 비는 곳인 까닭에 다음 해인 갑신년甲申年(1584년) 여름에 철 8천근을 들여 새로이 대종大鐘을 만들었다' 는 내용의 양각 명문이 새겨져 있다.

**탁본. 갑사동종 지장
보살상(위)**

**탁본. 갑사동종 연곽,
당좌(오른쪽)**

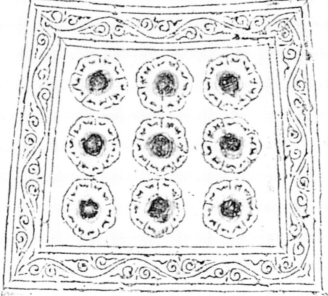

布施大施主

銅鉄大施主

13. 강화동종

강화동종
조선 1711년,
높이 176cm,
구경 45cm,
보물 11호,
강화 고려궁지 소장

이 범종은 현재 강화도의 고려궁지高麗宮址에 보관되어 있으나, 원래 강화도 남단의 정족산성鼎足山城에 있던 종으로서 강화성을 축수하고 2년 후인 1711년에 강화 유수留守 민진원閔鎭遠이 다시 만든 것이라고 한다. 조선 후기 범종 가운데 가장 큰 규모를 자랑하며, 조선 후기의 대표적인 승장僧匠 사인思印비구가 그의 말년에 만든 작품이다. 사인은

17세기 중반부터 18세기 전반까지의 약 45년간 경기도와 충청도, 경상북도 일대에서 활발한 주종鑄鐘 활동을 하였던 승려 장인으로, 지금까지 확인된 그의 작품은 1667년의 서운암瑞雲庵종으로부터 강화동종에 이르기까지 여덟 점을 헤아린다.

이 종은 기존 사인의 작품에서 보이는 한 마리의 용과 음통을 갖춘 전통형 범종과 달리 쌍룡과 음통이 생략된 중국 종의 양식을 따르고 있다. 그리고 천판 외연에 고려 후기 범종에서 볼 수 있는 입상화문대와 같은 돌기대를 둘렀지만 문양이 없는 단순한 모습이다. 상대에는 범자무늬가 아닌 연당초무늬를 장식하였고 그 아래의 네 방향으로 연곽을 배치하였는데, 두터운 연곽대에 연당초무늬를, 연곽 내부에 별 모양으로 도식화된 납작한 연꽃봉오리를 장식한 것은 사인이 만든 범종의 독특한 특징 가운데 하나이다. 그러나 이 종에서는 사인이 만든 범종에서 볼 수 있는, 연곽 사이마다 배치되는 연꽃을 든 보살입상의 표현이 전혀 없는 점이 흥미롭다. 사찰용으로 만든 범종이 아니기 때문에 의도적으로 생략한 것으로 짐작된다.

한편 종신 가운데 부분에는 중국 종에서 볼 수 있는 두 줄의 돌기된 횡대橫帶를 둘렀고 그 아래 종신의 여백에는 명문을 양각하였다. 그리고 종구 쪽에는 전통형 종에서 볼 수 있는 하대를 두어 연당초무늬로 장식하였다. 사인이 만든 범종은 원래 전형적인 전통형 종을 따르고 있지만, 강화동종은 중국 종 계열을 따르면서도 일부에서 전통형 종의 특징을 가미한 혼합형 종으로 분류될 수 있다. 사인을 마지막으로 승려 장인은 점차 사라졌고, 18세기부터는 주로 사장私匠들이 지역적으로 세분화되면서 꾸준히 종을 주조하게 된다.

한국 범종의 제작 과정

종을 만드는 재료는 청동으로 구리와 주석의 합금을 사용한다. 중국 종의 경우 청동과 함께 철제범종도 많이 만들어졌지만, 주로 청동이 사용되었다. 우리나라의 경우 통일신라부터 조선시대 말까지 청동으로 만들어진 범종이 가장 널리 제작되었고, 일부이지만 철제범종이 몇 점 전해진다. 범종의 제조 과정은 녹인 금속을 형틀에 주입하여 만드는 주조법으로 이루어진다.

고대의 종 만드는 기술은 전해지지 않고 있지만 우리나라 종은 아름다운 문양과 소리로 미루어 어떤 금속기金屬器 못지않은 훌륭한 제작 기술이 있었다고 추정된다. 종의 제작과 관련된 기록으로 중국 『천공개물天工開物』이라는 책에서 송나라 범종의 제작 기술을 짐작해볼 수 있다. 당시 범종의 주조에 관한 설명이 그림과 함께 구체적으로 나와 있는 『천공개물』에 '종을 주조할 때 상등上等은 청동青銅으로 만들고 하등下等은 주철鑄鐵을 사용한다'고 기록되어 있어 청동종을 상급으로 친 것을 알 수 있다.

지금까지 알려진 범종의 주조 방법은 크게 사형沙型 주물법鑄物法과 밀랍蜜蠟 주물법으로 나뉘어진다. 사형 주조법은 『천공개물』의 기록에서 설명한 것처럼 철제종을 만들 때 주로 사용된다. 사형 주조 공법은 지문판地文板을 사용하여 외형에 문양을 찍어 새기기 때문에 밀랍 주조에 비해 종의 표면이 곱지 못하고 문양이 투박할 수밖에 없는 단점이 있다. 사형 주조 공법의 순서는 우선 지문판을 제작한 뒤 외형틀과 회전판을 제작하고 주물사鑄物砂를 다져넣은 다음 회전판을 돌려 범종의 내외형을 완성하고 다시 외형틀에 문양을 찍은 뒤 주물한다. 이러한 사형 주물법은 현재까지도 일본에서는 계속 사용되고 있다.

밀랍 주조법은 삼국시대의 불상이나 백제시대 금동대향로金銅大香爐 등을 통해 볼 수 있듯이 역사가 가장 오래된 전통적인 주조 기술이다. 우리나라 범종

『천공개물』에 등장하는 범종 주조도

1. 내형 제작 공정

에서 보이는 용두龍頭의 웅건한 모습이나 화려한 문양의 표현을 위해 필연적으로 밀랍 주조가 사용되었다고 추측된다. 이러한 정교한 표현은 밀랍을 통하지 않고서는 도저히 이루어낼 수 없기 때문이다. 우리나라 범종을 밀랍 주조로 제작하게 될 경우 다음과 같은 공정을 거쳤을 것으로 짐작된다.

1. 내형 제작 공정
① **흙벽돌 쌓기** 고령토와 점토, 물을 반죽해 일정한 크기의 벽돌을 제작한 후 내형內型의 크기보다 약간 작은 크기로 흙벽돌을 쌓는다.
② **덧붙이기** 쌓아놓은 벽돌 주위에 다시 고령토와 점토, 물을 혼합한 것을 종 내형보다 약간 크게 덧붙인다.
③ **회전판 돌리기** 덧붙이기가 끝나면 회전판을 돌려가며 표면을 잡는다.

2. 외형 제작
공정
(② ③ ⑤번의 그
림은 생략.)

④ **표면 손질** 회전판을 돌린 후 거칠어진 내형의 표면을 흙손 등을 사용하여 매끄럽게 다듬은 후 물에 갠 흑연 가루로 마무리를 한다.

⑤ **내형 완성** 내형이 완전히 건조되면 회전판이 설치되었던 구멍을 봉합한다.

2. 외형 제작 공정

① **밀랍 모형의 제작** 밀랍과 소기름을 혼합한 밀초를 사용하여 종 모양과 동일한 밀랍 모형을 만든다.

② **주물사 제작** 고운 입자의 활석과 고령토, 점토, 흑연, 한지를 적당한 비율로 혼합·반죽하여 주물사鑄物沙를 제작한다.

③ **초벌 바르기** 위와 같이 제작된 주물사를 기포가 생기지 않도록 주의하면서 붓으로 밀랍 모형의 표면에 바른다.

④ **초벌 바르기 완성** 초벌 바르기를 한 후 응달에서 자연 건조시키는

3. 내형과 외형의 결합 공정

과정을 4~5회 반복한다.

⑤ **재벌 바르기** 명주실을 감은 상태에서 초벌 바르기를 할 때보다 굵은 입자의 주물사를 반죽해 원하는 적당한 두께에 도달할 때까지 초벌 바르기와 같은 요령으로 발라준다.

⑥ **건조** 재벌 바르기가 완성되면 응달에서 완전히 건조될 때까지 자연
건조시킨다.

⑦ **밀초 제거 및 외형 완성** 외형의 외부에 열을 가하거나 약한 불로 직
접 내부에 열을 가하는 방법으로 내부의 밀초를 녹여내어 외형을 완
성한다.

3. 내형과 외형의 결합 공정

① **내외형의 조립** 밀랍을 완전히 제거하여 외형과 내형에 예열豫熱을
한 후 내형과 외형을 조립한다.

② **거푸집 씌우기** 내외형의 조립이 끝나면 거푸집을 씌운다.

③ **다지기** 외형과 거푸집 사이의 빈 공간에 주물사(고령토와 점토)를
채워넣는다.

④ **주조** 구리와 주석(17%)을 용해한 청동을 쇳물받이에 받아서 주입
한다.

⑤ **거푸집 해체** 주조가 끝나면 충분히 식힌 뒤 거푸집을 제거한다.

⑥ **탈사脫砂 및 마무리** 종 표면에 붙어 있는 주물사를 털어내고 용액溶
湯 주입구 등 불필요한 부분을 제거하여 완성한다.

위와 같은 방법이 통일
신라 범종의 전통적인
밀랍 주조를 제대로 검
증하여 재현한 것이라
고는 보기 힘들다. 하지
만 앞으로 밀랍 주조에
관한 깊이 있는 분석과
실험이 이루어지고 지금
까지 발견되지 못했던
범종의 주조와 관련된
유적이나 유물이 출현된
다면 당시 주조 기술의
완벽한 재현도 곧 가능
하리라고 기대한다.

**완성된 선림원
터종 복원품**

한국 범종의 과학적 구성과 울림소리

우리나라의 범종은 통일신라 종의 예에서 살펴볼 수 있는 것처럼 중국이나 일본 종과 다른 매우 독특한 형태와 의장意匠을 지니고 있다. 특히 여운이 긴 울림소리〔공명共鳴〕가 웅장하여 동양에서도 가장 으뜸으로 꼽힌다.

우리나라 종의 웅장한 소리와 긴 여운은 종의 형태에서 그 요인을 찾아볼 수 있다. 종신의 외형은 마치 독〔옹甕〕을 거꾸로 엎어놓은 것 같이 위가 좁고 배 부분〔종복鐘腹〕이 불룩해지다가 다시 종구鐘口 쪽으로 가면서 점차 오므라든 모습이다. 종구 쪽 아랫부분이 안으로 오므라들게 설계되어 종의 공명이 쉽게 빠져나가지 못하도록 배려를 한 것이다. 또한 우리나라 종은 종각鐘閣 등에 높게 걸지 않고 지상에서 낮게 띄워 거는 것이 일반적이다. 종을 치게 되면 종 안에서 공명을 통한 맥脈놀이 현상이 일어나 소리가 울리게 되는데, 이 소리는 종구 쪽을 통해 빠져나가게 된다. 따라서 이 공명을 쉽게 빠져나가지 못하게 종구를 안으로 오므라들게 하여 소리를 다시 잡아주는 역할을 한다. 특히 우리나라 범종은 종구 아래쪽에 전통적으로 지면을 움푹 파거나 이곳에 큰 독을 묻은 경우(움통)도 볼 수 있는데, 이 역시 종구 쪽에서 빠져나온 공명이 움통 안에서 메아리 현상으로 다시 종신 안으로 반사되어 여운이 길어지는 효과를 보게 되는 것이다. 일본에서는 종소리를 멀리까지 퍼지도록 하

성덕대왕신종의
용뉴와 용통

기 위해 종을 종각에 높게 매달았지만 종소리의 여운이 길지 않은 것과 비교해볼 때, 우리나라 종은 처음부터 과학적인 음향 효과를 노리고 지상으로부터 종을 낮게 떠워 매단 것을 알 수 있다.

아울러 한 마리의 용으로 구성된 용뉴의 목 뒷부분에는 우리나라 종에서만 볼 수 있는 둥근 대롱 형태의 음통音筒(음관音管·용통甬筒이라고도 함)이 솟아 있다. 이러한 음통은 대부분 내부가 비어 있고 아래쪽이 종신 내부에 관통되도록 구멍이 뚫려 있는 점을 볼 수 있다. 따라서 음통은 종의 울림소리와 관련된 음향 조절 장치의 역할을 했을 것으로 추정되고 있다. 즉 음관은 종을 칠 때의 격렬한 진동을 신속히 걸러내어 충격을 신속히 제거하고 소리의 일부를 공중으로 보내는 두 가지 역할을 한다는 의견이 제시된 바 있다. 그래서 이러한 완충 작용을 하는 음관이 없다면 가격음加擊音의 상태가 길어지고 그만큼 충격을 오래 끌게 되어 종에 무리를 가하게 되지만, 출구가 깔때기 모양으로 벌어져 있어 고주파는 제거하고 저주파를 보존함으로써 고른 음향은 오래 보존하고 불필요한 고주파는 신속히 제거하는 역할을 한 것이라고 설명하고 있다. 그러나 근래 음통의 역할과 소리의 공명 면에서 성덕대왕신종을 대상으로 음향학적으로 실험해보았으나 특별한 상관 관계를 입증하지는 못했다.

하지만 우리나라 범종에서 보이는 음통이 종소리와 긴밀한 연관성을 가진 것은 분명한 듯하다. 이는 통일신라 종뿐 아니라 고려 종에 이르기까지 반드시 음통의 내부가 비어 있고, 아랫부분에 뚫려진 작은 구멍〔소공小孔〕이 종 몸체의 내부와 관통되어 있기 때문이다. 또한 범종을 주조할 때 이렇게 작은 구멍을 만들어 종신 내부와 관통시키는 주물 과정은 상당히 까다로운 작업이고, 의미 없이 이처럼 불필요한 과정을 의도적으로 만들었다는 것은 쉽게 이해가 되지 않는다. 앞으로 음통에 관한 보다 구체적인 실험 결과와 연구가 뒤따라야 하겠지만, 음통이야말로 우리나라 범종의 가장 특징적인 요소인 동시에 의도적으로 종의 소리를 고려한 과학적인 단면을 증명해주는 자료임에 분명하다고 생각된다.

또한 종신의 하대 위에 종을 치는 자리로 별도로 마련된 당좌라는 원형 장식을 앞뒤 면 두 곳에 도드라지게 배치하였는데, 위치는 대체로 종신의 삼분의 일 부분쯤에 해당되는 가장 불룩하게 솟아오른 정점부頂点部에 해당된다. 당좌가 배치되는 종신 배 근처의 정점 부분은 종의 두께가 가장 두터운 부분이며, 이곳을 반복적으로 타종했을 때의 충격과 그에

성덕대왕신종
내부 음통 관통
구멍

따르는 종의 파손을 지연시키기 위한 의도적인 배치라고 생각된다.

이상과 같은 과학적인 원리로 세심하게 배려된 우리나라의 범종은 다른 어느 나라 범종과 달리 웅장한 소리와 긴 여운을 지닐 수 있었다. 한편 시대가 내려가 고려·조선시대의 종 소리가 그다지 맑지 못한 점은 통일신라 종과 형태·양식에서 많은 변화가 이루어진 것과 밀접한 연관이 있다고 믿어진다.

14. 함통6년명금구

함통6년명금구
통일신라 865년,
지름 31.5cm,
국립중앙박물관 소장

현재 남아 있는 우리나라 금고禁鼓 가운데 가장 오래된 작품으로, 통일신라의 유일한 예이기도 하다. 전면인 고면鼓面은 두 줄의 융기동심원隆起同心圓을 장식하여 당좌구撞座區, 중구中區, 외구外區의 세 부분으로 구분하였다. 당좌구를 비롯한 고면 전체에는 문양이 전혀 첨가되지 않아 간결한 초기 금고의 양식을 반영하고 있다.

뒷면은 안으로 말린 구연이 형성되는 일반적인 고려 금고와 달리 직선으로 마무리되어 넓게 뚫린 공명구共鳴口를 이루었다. 특히 뒷면의 중앙 부분이 당좌구의 크기만큼 원형으로 오목하게 들어갔는데, 어떤 이유인지는 분명치 않다.

고면에 비해 매우 폭이 두터운 옆면에는 상부로부터 90° 간격으로 세 개의 고리를 부착하였고, 그 여백에 명문이 새겨져 있다. 좌서左書로 된 양각의 명문은 의도적이라기보다 주조 당시 내형틀 안에 바로 새긴 음각 글씨가 이처럼 반대로 표기된 것으로 보인다. 명문 '함통육세을유이월십이일성내시공사금구咸通陸歲乙酉二月十二日成內時供寺禁口'의 내용을 살펴보면, 함통 6년은 통일신라 경문왕 5년인 865년에 해당되고, 이 금고가 경상도에서 출토되었다고 알려져 있어 '성내시공사成內時供寺'의 시공사를 경상도 어느 지역에 있던 절 이름으로 볼 수 있으나 이두식吏讀式 표기로 볼 경우 '절에 공양한 때'라고 풀이될 수 있다. 통일신라의 금고를 '금구禁口'로 표기한 점을 알 수 있는 귀중한 예이다.

15. 함옹9년경암사명반자

함옹9년경암사명반자
고려 1073년,
지름 60cm,
국립중앙박물관 소장

뒷면(아래)

고려시대에 제작된 기년명紀年銘 금고 가운데 가장 연대가 이른 작품이다. 전체 지름이 60cm에 달하는 대형 금고로 뒷면에는 옆면에서 연장된 구연이 안으로 말려 짧은 전을 형성하며, 넓은 공명구共鳴口가 뚫려 있는 소위 반자형盤子形 금고이다.

고면에는 두 줄의 융기동심원을 만들어 세 구획으로 나누었는데, 내구인 당좌구에 많은 수의 연밥이 장식된 자방을 중심으로 그 주위에 8엽 중판의 연판무늬가 시문되었고, 각 연판에는 꽃술 장식이 첨가되었다. 중구에는 문양이 없는 대신 외구에 단선으로 된 고사리 형태의 구름무늬가 네 곳에 동일하게 시문되었다. 옆면은 반원형으로 둥글게 처리되어 중단의 융기선이 둘러져 있고, 그 융기선 위로 구름 모양을 한 두 개의 고리가 약간의 간격을 두고 부착되었다.

뒷면에는 안으로 말려진 구연부를 돌아가며 '함옹咸雍 9년인 1073년에 55근의 중량을 들여 경암사瓊巖寺에 시납된 반자盤子'라는 내용을 해서楷書의 또박또박한 필치로 음각하였다. 고려시대 금고의 명칭을 '반자'로 기록한 가장 이른 예이기도 하다.

앞뒤 면이 모두 막히고 옆면에 길이 20cm 정도로 옆으로 길게 찢은 공명구가 뚫린 특수한 형식의 금고이다. 고면의 구별이 없이 앞뒤 면을 동일한 문양으로 시문하였는데, 세 줄의 융기동심원을 만들어 전면을 당좌구, 내구, 중구, 외구의 네 부분으로 나누었다.

당좌구에 1+6개의 연밥을 배치하고 그 전체를 국화형 테두리로 두르는 당좌 형식은 13세기에 널리 사용되었다. 이 바깥의 내구에는 펜촉 같이 생긴 도식화된 16엽의 연판무늬를 간엽肝葉과 함께 시문하였다. 중구에는 문양이 없고 외구에 열아홉 개의 여의두如意頭무늬를 둥글게 돌아가며 배치하였다. 이 여의두무늬는 현재 도쿄국립박물관에 소장된 숭경2년고령사명반자(1213년)와 그 형태 및 개수가 동일하여 주목된다.

정우2년경선사명금고
고려 1214년,
지름 38.8cm,
호암미술관 소장

**도면. 정우2년경선사
명금고 세부 명칭**
(아래)

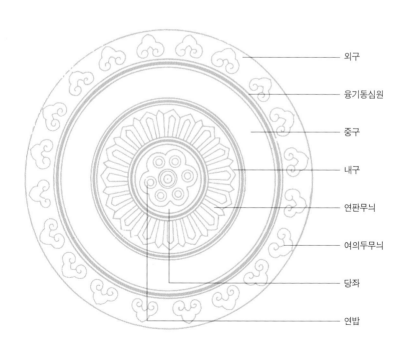

외구

융기동심원

중구

내구

연판무늬

여의두무늬

당좌

연밥

그리고 옆면에는 세 개의 구름 모양 고리가 부착되었으며, 그 여백에 100여 자의 명문이 기록되어 있다. 경선사景禪寺에서 정우貞祐 2년인 1214년에 여섯 명이 공동으로 시주한 발원문과 시주자의 이름, 30근의 중량, 절 이름이 기록되어 있다. 문양 표현이 고령사반자와 거의 동일하며 중량도 같은 30근인 점, 아울러 그보다 1년 뒤에 제작되었다는 점에서 이 두 작품은 밀접한 연관이 있다고 생각된다. 특히 금고의 명칭을 당시에 널리 쓰던 '반자飯子'로 표기하지 않고 '금구鑠口'라는 독특한 명칭을 사용한 것으로 미루어 당시에도 앞뒤가 막혀 옆면에 공명구가 있는 형식을 금고라는 표현과 같은 '금구'로 별도로 구별해 사용한 것임을 알려준다.

또한 최근 국립중앙박물관에 소장된 동일한 형식과 크기, 문양의 청동금고 한 점을 확인할 수 있어 흥미롭다. 이 작품은 비록 명문은 없지만 경선사금고와 동일한 시기에 같은 제작자가 동일한 범과 문양판을 사용하여 제작한 것으로 추정된다.

참고. 청동금고
고려 13세기,
지름 40cm,
국립중앙박물관 소장

정우5년봉업사명금고
고려 1217년,
보물 578호,
지름 61cm,
연세대박물관 소장

이 금고는 경기도 안성군 이죽면二竹面에서 광명대光明臺, 동종銅鐘 등의 금속공예품과 함께 출토된 것이다. 금고에 기록된 명문에 의하여 이 금고가 출토된 곳이 봉업사奉業寺터였음이 확인되었다.

뒷면이 넓게 뚫린 통식通式을 따른 금고로 고면은 두 줄의 동심원으

정우5년봉업사명금고
명문

로 구획되어 당좌구인 내구에는 1+8개의 연밥과 그 주위를 삼중의 국화형 장식으로 감쌌다. 당좌구 바깥의 중구에는 각 연판마다 한 줄의 판심瓣心이 첨가된 24엽의 연판무늬를 장식한 뒤 다시 그 외곽을 꽃 모양 테두리로 둘렀다. 외구에는 유연하게 굴곡을 이룬 네 개의 구름무늬를 배치하고, 고면 외곽부를 돌아가며 여의두무늬가 얕게 부조되었는데, 고령사高嶺寺반자(1213년)나 경선사景禪寺금고(1214년)에 장식된 여의두무늬와 달리 한 줄의 선으로 처리된 단순하면서도 약간 도식화된 모습이다.

지름 61cm에 달하는 대형 작품인 데 비해 옆면에는 세 개의 작은 고리가 부착되었다. 옆면의 중단 융기선 위아래에 2단으로 '정우 5년인 1218년에 죽주竹州 봉업사奉業寺에서 발원하여 만들어진 것이며 상대장上大匠, 부금夫金, 대장大匠, 아각阿角, 삼대장三大匠, 경문景文이 만들었다'고 기록되어 있다. 죽주는 『동국여지승람東國興地勝覽』에서 보이는 죽산현竹山懸의 고려 때 지명이며, 봉업사는 호암박물관 소장의 대형 삼족 향로가 출토된 곳으로 잘 알려져 있다. 특히 말미에 기록된 '상대장上大匠, 대장大匠, 삼대장三大匠'의 직급은 그들이 금고를 공동 제작한 뒤 장인의 계급에 따라 순차적으로 나열한 것으로 추측되어, 고려 장인 사회를 연구하는 데 귀중한 자료가 된다.

경남 고성군固城郡 옥천사玉泉寺에 소장된 이 반자는 고령사高嶺寺 반자(1213년)를 제작했던 한중서韓仲敍가 그보다 39년 뒤에 만든 것으로, 그의 노년에 해당되는 작품으로 보인다. 뒷면에 넓게 뚫린 공명구가 형성된 반자식의 금고로, 고면에 세 줄의 융기동심원을 만들어 네 부분으로 나누었다. 당좌구에는 여섯 개의 연밥을 돌출되게 시문하였고 전체를 이중의 국화형 테두리로 돌렸으며, 당좌구 외곽에 간엽이 첨가된 19엽의 중판 연꽃무늬를 낮게 부조하였다. 이러한 당좌 형식은 고령사반자나 복천사福泉寺반자(1238년)와 동일하고 연판의 모양도 거의 흡사하여 한중서가 그의 작품을 만들 때 동일 문양판을 반복적으로 사용하였던 것임을 알 수 있다. 중구에는 문양이 없고 외구에만 유려한 두 겹의 당초무늬를 둥글게 돌아가며 시문하였다. 이 당초무늬는 을사명乙巳銘 반자(1245년)의 뒷면 구연에 장식된 구름무늬와 거의 동일한 형식으로, 이것이 길게 이어지고 좀 더 복잡해져 당초 형태로 바뀐 것이다.

측면에 붙은 세 개의 고리는 고령사반자와 동일한 구름 모양이며, 이

곳에 150여 자에 이르는 음각 명문이 3단으로 기록되었다. 명문의 첫머리에 나오는 '고려이십삼환갑지년임자高麗二十三環甲之年壬子'는 고종高宗 39년인 1252년에 해당되며, '경사공인지가京師工人之家'라는 장인집단에서 제작되었다는 내용은 한중서 역시 이곳 출신임을 시사해준다. 아울러 금고의 발원자로 '추밀원우부승선樞密院右副承宣'과 '상서尚書'라는 상당히 높은 직위의 인물이 등장하고, 기록할 수 없을 정도로 많은 수의 인원이 참여했다는 내용으로 보아 이 금고가 당시 유행했던 신앙결사信仰結社의 형태로 안양사安養社라는 결사에서 기념비적 작품으로 제작된 것임을 말해준다.

참고. 숭경2년고령사명반자崇慶二年高嶺寺銘飯子
고려 1213년,
지름 38.8cm,
도쿄국립박물관 소장

19. 지정11년감은사명반자

지정11년감은사명
반자
고려 1351년,
지름 32.2cm,
국립경주박물관 소장

지정11년감은사명至正十一年感恩寺銘반자는 1979년도 경북 월성군 감은사터 발굴·조사 때 출토된 작품으로, 고려 말의 마지막 기년명 금고이다.

고면은 세 줄의 융기동심원을 만들어 네 부분으로 나누었으나 가장 바깥쪽 구는 폭을 좁게 만들었다. 당좌구에는 1+8개의 돌출 연밥을 새기고 그 바깥인 내구에는 별 모양으로 된 도식적인 모습의 단엽 연판무늬를 시문하였으며, 중구에는 내구의 연판을 그대로 확대시킨 듯 넓고 커진 열두 개의 단엽 연판무늬와 간엽이 표현되었다. 외구의 당초무늬는 간략하고 형식적인 단선으로만 시문되었는데, 당초무늬라기보다 마치 톱니바퀴처럼 보인다. 옆면에는 두 줄의 융기선이 둘러져 있고 그중 위쪽 융기선상에 두 개의 작은 고리가 붙어 있다.

뒷면의 내반內反된 좁은 구연부를 돌아가며 주조 일시와 장소, 그리고 '반자'라는 명칭과 시주자와 중량 등이 기록되었는데, 당시 왜구가 반자와 소종小鐘, 금구禁口를 훔쳐갔기 때문에 이들을 다시 조성하게 되었다는 것을 밝히고 있다. 이것은 당시에 왜구의 피해가 극심했던 시대적 상황을 반영해주는 자료인 동시에 반자飯子와 금구禁口를 구분하여 기록한 점은 이 두 불교 의식 법구가 서로 다르게 사용되었거나 적어도 그 명칭을 분명히 구분하였다는 사실을 알려주는 매우 귀중한 자료라 하겠다. 따라서 고려시대의 경우 이처럼 뒷면이 넓게 트인 것은 반자, 앞뒤 면이 막혀 옆면에 공명구를 뚫은 것은 금구나 금고 등으로 표기하였던 것으로 추측된다.

20. 청동바라

청동바라
고려시대, 지름 42cm,
국립중앙박물관 소장

　요발鐃鈸・동발銅鈸이라고도 불리는 바라는 서양 악기 심벌즈와 형태가 유사한데, 두 발을 부딪쳐 소리내며 범패梵唄와 같은 불교 의식 때 사용된다. 일반적인 바라와 마찬가지로 두 점 모두 동일한 크기와 형태를 지녔고, 보존 상태가 매우 양호하며 지름이 42cm에 달하는 비교적 큰 편에 속한다.

　솥뚜껑처럼 생긴 표면의 중심부에 손잡이로 보이는 원반형의 굵은 돌기가 솟아 있고 그 중앙으로 구멍이 뚫려 있다. 이 손잡이를 중심으로 2조의 융기동심원무늬를 두 번 중첩 시문하였으며 바라의 외연부는 끝으로 가면서 옆으로 퍼지다가 살짝 외반外反되어 전처럼 표현되었다. 내면은 중앙부의 돌기 손잡이에 해당되는 크기만큼 안으로 움푹 파여 들어가 있고 중앙에 고리를 끼기 위한 구멍이 뚫려 있다. 바라의 한쪽 표면 외연부에 점각點刻으로 '도솔兜率'이라는 간단한 명문이 새겨져 있다.

21. 정통13년명태안사대발

정통13년명태안사 대발
조선 1447년,
지름 92.0cm,
보물 958호,
전남 곡성 태안사 소장

두 점 모두 동일한 크기와 형태를 지닌 1조의 바라로, 그중 한 점은 외연에 약간의 손상을 입었다. 솥뚜껑처럼 생긴 표면의 중심부에는 손잡이로 보이는 원반형의 굵은 돌기가 솟아 있고 그 중앙으로 구멍이 뚫려 있다. 이 손잡이를 중심으로 2조의 융기동심원무늬를 두 번 중첩 시문하여 세 부분으로 나누었다. 바깥쪽 동심원무늬의 바로 옆에 철끈을 끼워넣은 작은 고리를 한 개씩 부착했으며, 외연부의 끝단을 안으로 접혀지게 처리하였다. 내면에는 중앙부의 돌기 손잡이에 해당되는 크기만큼 안으로 움푹 파여 들어가 있을 뿐 장식은 없다.

각각의 바라 표면 외연부에 연점각連點刻으로 '동리산태안사대발정통십이년정묘팔월일조성대공덕桐裏山泰安寺大鉢正統十二年丁卯八月日造成大功德, 주효령대군시주안성이씨主孝寧大君施主安城李氏'로 시작되는 긴 내용의 명문이 새겨져 있다.

즉 이 바라는 1447년에 태종太宗의 차남인 효령대군孝寧大君이 태안사용으로 발원하여 만든 것으로, 1454년에 다시 개조하였음을 밝히고 있다. 92cm에 달하는 바라의 중량으로 미루어 손에 들고 치기보다 범종·반자 등과 마찬가지로 어느 한곳에 고정시켜놓고 사용한 것으로 추정되며, 바라의 명칭을 큰 그릇을 뜻하는 '대발大鉢'로 표시한 점이 흥미롭다.

22. 청동운판

이 운판雲板은 원래 호암미술관의 소장품으로 현재는 국립중앙박물
관에 기탁·전시되어 있다. 앞뒤 면 모두 문양을 새긴 양면식兩面式으
로 고면에는 당좌를 두고 뒷면에 2구의 보살입상을 장식한 점이 독특하
다. 운판의 외형을 살펴보면 정상부의 원형 장식을 중심으로 좌우에 두
마리의 용이 서로 얼굴을 마주보고 목을 구부리도록 배치하였다. 곡선
을 이룬 용의 목은 다시 정상부 타원형 장식 아래로 이어져 역3자형의
굴곡을 이루었고, 하부로 내려와 하단의 중앙 부분이 조금 말려들어가
도록 구성되었다. 용의 몸체 안팎으로 톱니 모양의 지느러미와 운판 내

125

청동운판(앞면)
조선 17세기,
지름 59cm,
호암미술관 소장

면에 뻗어나온 두 개의 발이 표현되었다.

고면에는 중앙부에 삼중 원으로 이루어진 커다란 원형의 당좌를 중심으로 그 주위에 여의두무늬와 구름무늬를 둘렀다. 당좌의 상부 면에는 원권으로 두른 범자무늬를 반원형으로 여섯 개 배치하였고, 운판의 여백에 많은 수의 학鶴과 국화무늬, 고사리무늬, 구름무늬, 여의두무늬 등으로 빽빽이 장식하였다. 뒷면은 전면인 고면과 거의 동일한 문양 구

126

조를 이루고 있으나 당좌가 없는 대신 구름 위에 서 있는 2구의 보살입
상을 섬세하게 장식하였다. 2구 모두 오른쪽으로 향한 채 가슴 앞에서
합장한 모습으로, 화려한 보관寶冠과 영락瓔珞 장식, 대의大衣가 몸 전
체를 감싸며 유연하게 흘러내렸다. 당시 불화에 보이는 보살상과 많은
유사점이 보이며, 조선 후기 범종에 부조된 보살상과의 양식적 비교를
통해 대체로 17세기 초~중엽경에 제작된 것으로 추정된다.

127

II. 공양·의식구

석가모니는 깨달음을 얻기 위해 6년 동안 고행에 전념하였으나, 몸을 혹사하는 고행이 성도成道에 아무런 도움이 되지 않음을 깨닫고 마을로 내려와 유미죽乳味粥 한 그릇을 공양 받고 기운을 되찾는다. 그 후 명상을 통해 깨달음을 얻어 부처가 되었는데, 공양은 여기에서 유래하였다. 즉 부처가 되기 위한 수행을 위하여 영양을 공급 받고 이를 바탕으로 육신을 보전하고 정신을 길러나가는 데에서 비롯된 것이라 하겠다. 범어梵語의 푸자나pūjanā에서 온 말로 공급供給·공시供施·자양滋養한다는 뜻을 지니며, 이러한 공양의 도구로 쓰이는 불교 용구를 공양구供養具라고 일컫는다. 공양의 대상은 불佛·법法·승僧의 삼보三寶와 부모 또는 죽은 자의 영혼으로까지 확대되며, 각종 공양 행위가 의례 절차에 따라 정리되면서 불교 의식과 연계되어 나아갔다.

일반적으로 사찰의 불단佛壇 앞에 놓이는 음식과 향, 꽃, 등촉 등이 대표적인 공양물로서, 이들은 정병淨瓶·발우鉢盂·항아리〔호호壺〕·합盒 등의 식기류食器類와 향로香爐, 화병花瓶, 촛대〔축내燭臺〕능에 담겨 공양된다.

이와 같은 공양 행위가 의례화되면서 공양의 목적을 아뢰고 효과를 발원하는 의식이 추가되었다. 또한 여기에 신비성을 부여하는 의식이 더해졌으며 이때 필요한 불교 용구가 갖추어지게 되었다. 특히 각종 의

레 의식이 중요시되었던 밀교密敎에서는 심오한 교리를 형상화하기 위해 불교의 상징적 도구를 이용하여 단壇을 만들거나 또는 의식을 거행하였는데, 이때 사용되는 의식 용구를 밀교 법구法具라고 부른다. 일본의 경우 밀교가 매우 성행하여 다양한 밀교 법구가 남아 있으나, 우리나라에는 단을 만드는 법식法式 등이 상세하게 전해지지 않고 있으며 단지 금강저金剛杵와 금강령金剛鈴 등이 대표적인 밀교 법구로 알려져 있다.

금상감박산향로
전한前漢 BC 113년경,
높이 26cm,
중국 하북성 만성 중산
왕 유승묘 출토, 하북성
문물연구소 소장

향로

향香은 범어인 간다gandha를 의역한 것으로, 원래 고온다습한 인도에서 악취를 없애고 실내의 습기를 제거하기 위해 쓰였다. 이것이 점차 수행자들이 지니는 필수품의 하나로 자리잡게 되고 불교의 성립과 함께 부처님 앞에 올리는 공양물로서 활용되기 시작하였다.

향을 피우는 화로인 향로는 불교가 전래되기에 앞서 중국 한대漢代에 이미 청동제의 박산향로가 만들어졌다. 옛 낙랑 지역에서 발견된 유물을 통해 우리나라에도 이러한 박산향로가 전래되었다는 사실을 알 수 있지만, 향로의 본격적인 제작과 사용은 역시 불교의 전래와 함께 이루어졌으리라 짐작된다. 우리나라의 경우 고구려의 쌍영총雙楹塚 벽화 행렬도에 보이는 머리에 인 향로의 모습이라던가, 단석산斷石山 신선사神仙寺의 마애상 가운데 손잡이 달린 향로를 잡고 공양하는 조각 등을 통해 삼국시대 후반쯤부터 향로가 널리 사용되었음을 알 수 있다. 최근 부여 능산리 절터에서 발견된 백제의 금동대향로金銅大香爐는 절에서 쓰여진 삼국시대의 향로를 실물로 증명해주는 귀중한 자료이다. 이 금동향로는 금속공예로서의 탁월한 주조 기술뿐 아니라 당시 백제인이 지녔던 수준 높은 종교 사상과 정신 세계를 함축적으로 표현하고 있어 더욱 중요

단석산 신선사 마애상 중 공양자상

한 의미를 지닌다.

삼국시대 이후에 만들어진 향로는 용도에 따라 몇 가지로 분류되는데, 우선 손잡이 달린 향로〔병향로柄香爐〕와 불단에 놓이는 향로〔거향로居香爐〕, 걸어두는 향로〔현향로懸香爐〕 등이 있다. 시대가 흐르면서 세부 형태가 더욱 다양해져 박산형 외에도 동물이나 물건의 형태를 본뜬 상형像形, 다리 셋 달린 삼족형三足形, 연꽃형, 고배형高杯形 등이 제작되었다. 통일신라 작품으로는 금동병향로가 호암미술관에 한 점 소장되어 있는데, 컵 모양을 한 몸체 뒤로 긴 손잡이가 뻗어 있고 끝 부분에는 한 마리의 사자를 장식하였다. 771년에 제작된 성덕대왕신종에 공양자상이 들고 있는 병향로와 동일한 모습으로 미루어 보아 통일신라시대에는 병향로가 널리 쓰여졌다고 생각된다.

고려시대에 들어와 청자로 만든 여러 가지 형태의 상형 청자향로와 함께 불교 공예품으로서 불단 앞에 놓이는 고배형 향완이 가장 많이 만들어졌다. 고배형 향완이란 구연이 밖으로 벌어져 넓은 전이 달린 몸체와 아래로 가면서 나팔형으로 벌어진 받침으로 구성된 형식으로, 대부분 몸체와 다리 부분을 따로 주조하여 결합시키는 방법을 사용하고 있다. 이러한 향로는 명문에서 확인되듯이 당시에 특별히 '향완香垸'이라

청자투각칠보무늬뚜껑향로
고려 12세기 전반,
높이 15.3cm,
국보 95호,
국립중앙박물관 소장

고 부른 것 같다. 특히 향로의 표면에는 범자梵字를 비롯하여 보상당초와 연당초, 운룡雲龍, 봉황뿐 아니라 회화적이고도 서정적인 포류수금蒲柳水禽무늬 등을 은입사로 화려하게 장식한 예가 많아 고려 금속공예의 귀족적이고도 풍요로운 일면을 반영하고 있다.

고려시대의 고배형 향완 가운데 가장 이른 예는 일본 고려미술관 소장의 백월암白月庵향완(1164년)으로 문양은 아직 부분부분에만 간략히 묘사되고 있다. 그러나 고려 후기에 이르면 통도사通度寺향완, 중흥사重興寺향완(1344년)과 같이 전면을 가득 채우며 복잡하면서도 화려한 문양이 시문된다. 고려 말에 만들어진 지정17년명향완(1357년)은 중흥사향완보다 불과 13년 뒤에 만들어진 작품이면서도 나팔형 다리가 매우 짧아지면서 옆으로 갑자기 벌어져 둔중한 느낌을 주고 있다. 이렇게 둔중해진 다리와 투박한 형태의 받침은 청곡사靑谷寺향완(1397년)과 같은 조선시대 향완으로 계승된다. 이보다 약 1세기 뒤에 만들어진 백장

암百丈庵 향완(1584년)은 몸체에 둘러진 커다란 원 안에 다섯 개의 범자무늬를 배치하여 더욱 복잡해진 느낌을 준다. 아울러 원권 주위에 배치되던 여의두무늬가 풀잎무늬로 바뀌었으며 여백 면 가득히 시문된 힘 빠진 당초무늬는 조선시대적인 특징을 완연히 보여준다.

조선 후기에는 이러한 향로의 제작이 줄어들었고, 부석사浮石寺철제은입사향완(1739년)에서 볼 수 있는 것처럼 직선으로 처리된 몸체의 외곽선과 투박해진

다리에 투각된 팔괘무늬, 도식적인 은입사 문양 등 미려했던 고려 고배형 향완의 전통은 이미 자취를 감추었다. 조선시대 향로는 은입사 기술이 변화하면서 재질도 청동에서 철로 바뀌었다.

정병

정병淨甁이란 원래 인도에서 승려가 여행을 할 때 밥그릇이나 의복과 함께 메고 다니던 물병에서 유래한 것으로, 범어로는 쿤디카kuṇḍikā(군지軍持·군치가軍雉迦)라고 하였다. 이처럼 승려가 갖고 다니는 필수품의 하나로 쓰이던 물병이 차츰 부처님 앞에 깨끗한 물을 바치는 공양구供

정병의 세부 명칭

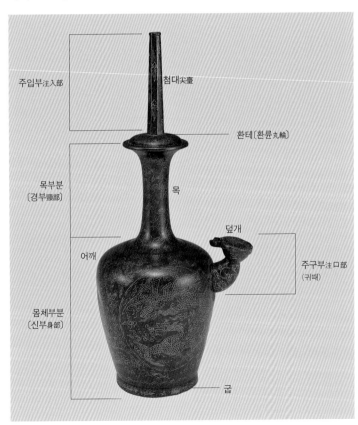

주입부注入部

첨대尖臺

환테〔환륜丸輪〕

목부분
〔경부頸部〕

목

덮개

어깨

주구부注口部
〔귀때〕

몸체부분
〔신부身部〕

굽

養具로서 용도의 폭을 넓혀가게 된 것이다. 불佛·보살菩薩이 지니는 물병은 구제자를 나타내는 상징이자 자비심을 표현하는 지물持物 구실을 하기도 하였다. 병에 들어 있는 감로수甘露水를 통해 모든 중생들의 목마름과 고통을 덜어준다고 하는 관세음보살觀世音菩薩의 정병은 바로 이러한 자비의 상징물이기도 했다.

정병의 재료는 주로 청동과 도자기가 널리 애용되었다. 특히 불교를 숭상한 고려시대에는 향로와 함께 중요한 불교 공양구의 하나로 많은 수의 정병이 만들어졌다.

고려시대 정병은 계란형의 몸체와 매끈하게 빠진 긴 목 위로 뚜껑 형태의 둥근 테〔환륜丸輪〕가 놓이고, 그 위로 다시 대롱처럼 긴 첨대尖帶가 솟아 있으며 몸체의 한쪽에는 중간을 잘록하게 좁힌 비녀형의 부리(귀때)가 돌출된 모습이 전형적이다. 첨대 부분은 물을 넣는 주입구注入口이며 부리 부분이 물을 따르도록 만든 것임을 알 수 있다.

고려시대 정병에는 동체 표면에 무늬를 선각하고, 여기에 얇게 꼰 은실을 박아넣는 은입사銀入絲 기법으로 한가로운 물가의 풍경이나 구름과 학, 용, 풀잎, 고사리무늬 등을 아름답게 장식한 예가 많다. 국립중앙박물관 소장의 국보 92호 청동제은입사포류수금무늬정병은 고려 정병 가운데 형태나 문양 면에서 가장 뛰어난 걸작으로, 물가의 풍경을 표현한 은입사 문양이 전면에 덮인 푸른 녹과 어우러져 한층 돋보인다.

이 밖에 고려시대에는 은입사정병 외에도 발鉢과 같은 몸체에 나팔형의 목 부분 위로 동물형의 꼭지가 달린 뚜껑이 덮여 있으며 앞으로 길게 솟은 주구注口와 굴곡을 이룬 손잡이가 달린 주전자 모습의 수병水瓶도 만들어졌다.

전형적인 모습의 은입사정병은 고려 말부터 점차 사라져갔고 대신 조선시대에는 고려시대 수병의 양식과 정병의 모습을 혼합하거나 보다 간략화된 주전자형의 수병이 계승·제작된 것으로 보인다.

금강저와 금강령

금강저金剛杵와 금강령金剛鈴은 밀교 의식 법구의 일종이다. 우리나라의 밀교 의식 법구는 수량과 종류가 중국이나 일본에 비해 지극히 한정적이어서 금강저와 금강령으로 대표된다고 할 수 있다. 동시에 중국과 일본의 다양한 형태에 비해 매우 단순한 양상을 지니고 있음이 특징적이다. 금강저와 금강령은 우리나라의 경우 고려 후기 13~14세기에 주로 많이 제작되었는데, 이러한 밀교 법구의 유행은 고려 후기 원元나라의 지배 아래 유입된 라마喇嘛 불교, 즉 밀교의 영향과 밀접한 관련이 있다고 믿어진다.

금강저는 범어로 바즈라vajra(발절라跋折羅)라고 불리는 도구로, 원래는 고대 인도에서 사용되던 무기가 차츰 상징화되어 번뇌煩惱를 깨뜨린다는 의미의 불교 의식 법구로 활용된 것이다. 우리나라의 금강저는 통일신라의 석탑 기단부에 조각된 팔부중상八部衆像이나 사천왕四天王, 인왕상仁王像의 지물로 표현된 예를 볼 수 있어 실물은 남아 있지 않지만 8~9세기부터 이미 등장하기 시작하였다고 추정된다.

고려시대에 들어와서 금강저는 금강령 등과 한 조를 이루며 밀교 의식 법구의 가장 중요한 도구 또는 지물이 되었다. 남아 있는 작품도 고려 13~14세기의 것이 가장 많은 편이며, 이 시기에 제작된 사경변상도寫經變相圖의 가장자리에는 불법을 지킨다는 의미로 그려진 장식 문양으로까지 널리 활용되었다.

금강저의 기본 형태는 가운데 부분을 잘록하게 좁혀 손잡이로 만들

고 양 끝단에는 창끝처럼 길게 돌출된 고부銛部로 구성되었는데, 이 고
의 개수에 따라 독고저獨銛杵와 삼고저三銛杵, 오고저五銛杵 등으로 부
르며, 우리나라에서는 삼고저와 오고저가 가장 널리 제작되었다. 잘록
한 손잡이 부분은 중앙부가 볼록한 주판알 모양이며 몇 개의 마디로 나
누어 각 마디마다 위아래로 붙은 연꽃무늬를 장식하는 것이 일반적이
다. 그리고 번개 형태로 처리한 고의 부분은 굴곡을 이룬 마디마다 발
톱이나 동물의 이빨 형태로 날카롭게 처리한 점이 독특하다.

   한편 금강령은 승려들이 지니고 다니던 요령搖鈴에서 변화·발전된
것으로 추측되는데, 법회 등에서 의식을 행하거나 게송偈頌을 읊을 때
흔들어 소리내도록 한 도구이다. 주로 청동으로 만들어지지만 간혹 금

**감지금니화엄경보살
행원품紺紙金泥華嚴經
菩薩行願品 변상도變相
圖**
고려 1341~1367년,
크기 26.4×38.4cm,
국보 235호,
호암미술관 소장

137

동제의 호화로운 작품도 찾아볼 수 있다. 기본 형태는 종鐘이나 탁鐸의
모습을 혼합한 것 같은 몸체와 손잡이〔병부柄部〕로 구성되는데, 손잡이
의 형태가 금강저의 모양처럼 표현된 것을 특별히 금강령이라 부르며
고의 개수에 따라 역시 독고령獨鈷鈴과 삼고령三鈷鈴, 오고령五鈷鈴 등
으로 구분된다. 우리나라의 경우 금강저와 마찬가지로 삼고령과 오고
령이 주로 제작되었다. 한편 금강령의 몸체에는 불·보살상이나 신장

상神將像, 사천왕상을 4면 또는 6면에 도드라진 부조로 배치하였지만, 중국이나 일본과 달리 서 있는 모습으로 표현되는 특징을 보여준다. 속이 빈 몸체의 내부에는 몽둥이처럼 생긴 탁설鐸舌이 달려 있어 손잡이를 잡고 흔들어 소리를 낸다.

조선시대에 들어와 금강저는 완전히 자취를 감추어버리는 대신 금강령은 고려시대의 전형적인 모습에서 변형을 이루며 미약하게나마 근근히 제작되었다. 조선시대 금강령은 고부의 형식이 약화되어 크기가 축소되었고, 대부분 끝단이 함께 붙어 있는 모습이 특징적이다. 반면에 손잡이 끝단을 귀신 얼굴로 조각하거나 몸체에 장식이 전혀 없는 단순한 형태로 바뀌어 승려의 개인 지물로 널리 사용되었다.

청동오고령
고려 말~조선 초, 높이 22.4cm, 국립전주박물관 소장

23. 백제금동대향로

1993년 부여 능산리 절터의 회랑 부근에 위치한 건물터 바닥 구덩이에서 진흙 속에 묻힌 채 완전한 형태로 발견된 대형 향로香爐이다. 이 향로는 중국의 한대漢代부터 유행하던 박산博山향로를 바탕으로 하여 새롭게 백제적으로 구현한 향로로서, 당시 백제의 조형성은 물론 종교와 사상을 함축적으로 표현하고 있다.

아래로부터 한 마리의 용이 머리를 들어 입으로 향로의 받침을 물고 있는 받침 부분과 볼륨 있는 연판으로 구성된 몸체, 그리고 박산 형태의 산악으로 묘사된 뚜껑의 세 부분으로 이루어져 있으며, 정상에는 보주寶珠 위에 두 발을 딛고 긴 꼬리와 날개를 젖힌 채 정면을 응시하고 있는 봉황이 장식되었다.

몸체의 외면에 장식된 각 연판에는 물고기, 신령스러운 새와 짐승 등 도합 스물세 마리의 동물과 2구의 인물상이 양각되었다. 그 위에 올려진 박산형의 뚜껑에는 일흔네 곳의 산과 봉오리가 솟아 있으며 이 산봉오리와 계곡 사이에는 상상의 동물뿐 아니라, 현실 세계에서 볼 수 있는 호랑이, 사슴, 코끼리, 원숭이 등 서른아홉 마리의 동물과 산중을 거닐거나 나무 밑에서 참선을 하는 인물, 낚시를 하거나 말을 타고 수렵하는 장면의 인물상 등 도합 열여섯 명의 인물이 등장하고 있다. 뚜껑의 정상부에는 다섯 명의 인물들이 금琴, 완함阮咸, 북鼓, 종적縱笛, 소

백제금동대향로 뚜껑 위 봉황

백제금동대향로(오른쪽)
백제 7세기,
높이 64cm,
국보 287호,
국립부여박물관 소장

140

簫를 연주하는 모습을 독특한 자세로 실감 나게 표현하였다. 이 사이에 솟아 있는 다섯 봉오리의 꼭대기에 다섯 마리의 새가 얼굴을 들어 정상부에 있는 봉황을 바라보고 있다. 원구圓球처럼 생긴 보주 위에 두 발을 딛고 서 있는 한 마리의 봉황은 가슴 윗부분에 두 개의 작은 구멍이 뚫려 있어 연기가 나올 수 있도록 만들었다. 머리 위로 솟은 벼슬과 정면을 직시하고 있는 예리한 눈, 그리고 턱 아래 붙은 보주와 활짝 편 날개 뒤로 치솟아 있는 환상적인 긴 꼬리 등 봉황의 자태를 그 어느 작품보다 가장 생동감 넘치게 표현하였다.

특히 뚜껑의 가운데 부분과 윗부분에 연기 구멍 다섯 개를 둥글게 돌아가며 배치하였는데, 이들 모두 솟아오른 산악에 가려져 있어 정면에서는 구멍이 보이지 않도록 배려하였다.

백제금동대향로 뚜껑
의 신수神獸(옆면)

몸체의 연꽃잎에 표현
된 동물들(위)

뚜껑의 신수 및 인물
상(오른쪽)

24. 청동제손잡이향로

청동제손잡이향로
고려 1077년,
높이 14.7cm,
길이 18.8cm,
국립중앙박물관 소장

**참고. 석가삼존 · 16
나한도(아래)**
고려, 비단채색,
크기 93×46.2cm,
호암미술관 소장

사찰에서 손에 들고 이동하며 행해지는 여러 의식에서 사용하였던 향로이다. 손잡이 부분을 이루는 연 줄기에서 세 갈래의 가지가 나와 그중 가장 위쪽 가지는 봉긋이 피어나는 연꽃 모양의 향로 동체가 되고, 아래 가지는 연잎 모양의 받침이 되었는데, 중간의 가지는 별도로 무언가를 만들어 끼워 연결하였는지 못 구멍만 남아 있다.

이러한 연꽃 모양의 손잡이향로는 호암미술관에서 소장하고 있는 석가삼존釋迦三尊과 16나한羅漢을 그린 고려 불화에도 나한이 손에 들고 있는 모습으로 그려져 있다. 또한 고려 의천義天 스님의 글을 모은 『대각국사문집大覺國師文集』 가운데 '금연화수로일병金蓮花手爐一柄'이라는 구절로 보아 당시 이러한 연꽃 모양의 손잡이향로가 사용되었으며, 이를 '연화수로'라고 불렀음을 알 수 있다.

이 향로의 연잎 모양 받침에는 잎맥이 음각으로 표현되었는데, 연잎의 잎맥 사이로 한 글자씩 나누어 '대강삼년정사유월일 시사주굴산하소□大康三年丁巳六月日 時寺主屈山下炤□'의 명문이 새겨져 있으며, 태강大康 3년은 1077년에 해당된다.

25. 청동제함은향완

청동제함은향완
고려 1177년,
높이 27.5cm,
국보 75호,
경남 밀양 표충사 소장

청동제함은향완 부분
(아래)

고려시대에는 나팔형의 높은 굽 위에 넓은 전이 달린 고배형 향로 몸체에 외면에는 은으로 무늬를 입사入絲한 향로가 다수 제작되었으며, 이런 형태의 향로는 대체로 '향완香垸'으로 불리었다.

대정大定 17년(1177년)에 제작된 이 향완은 일반적인 향완의 구조와 같이 나팔형 굽 윗면에 솟은 축을 몸체〔노신爐身〕바닥의 구멍에 끼워 맞추도록 되어 있다. 전 밑에 명문을 은으로 입사하였는데 명문에서 은입사의 의미로 '함은含銀'이라는 용어를 쓰고 있다.

몸체에는 굵기가 다른 두 겹의 둥근 테를 두른 범자 네 개가 마치 피어나는 연꽃 위로 떠오르는 듯 표현되었는데, 매우 간결하면서도 범자서체의 세련됨이 돋보인다. 향완의 전에는 여섯 자의 범자가 세 갈래로 피어오르는 구름과 번갈아 배치되었고, 그 가장자리에 정병의 목 부분에 자주 입사되던 구름 문양이 돌려져 있다. 굽 표면에는 한 마리의 용이 굽 전체를 감싸듯 입사되었고, 그 사이 공간에 서운瑞雲과 태극형 여

의주가 시문되어 있다. 특히 용의 갈기와 배 부분의 비늘, 발톱, 뿔 등
은 면입사로 넓게 은판을 박아넣어 용의 힘찬 모습을 더욱 효과적으로
부각시켜주고 있다. 나팔형 굽의 위아래로 동심원同心圓무늬, 쌍엽칠보
雙葉七寶무늬, 여의두如意頭무늬 등을 배치하여 몸체 부분에 여백이 많
은 것과는 대조적으로 공간 전체를 장식하였다.

150

26. 청동제은입사흥왕사명향완

**청동제은입사흥왕사
명향완**
고려 1229년,
높이 38.1cm,
국보 214호,
호암미술관 소장

**청동제은입사흥왕사
명향완 몸체 부분**(아래)

사찰의 불단에 놓여 향을 사르는 데 쓰였을 이 향완은 고려시대의 전형적인 문양들로 향완 전체가 장식되었다. 향완의 몸체에는 두 줄로 8릉의 테두리를 두르고, 그 안에 연꽃가지를 입에 물고 있는 봉황 두 마리와 여의주를 쥔 용을 번갈아 시문하였다.

8릉 테두리로 구성된 주문양 사이의 공간에는 고려 포류수금蒲柳水禽무늬정병에 시문된 강 언덕의 갈대나 연꽃, 헤엄치는 물오리 등의 단편적인 문양들이 하늘이나 물가 구분 없이 아래위로 배치되었다. 바깥으로 벌어진 전 부분에는 연화당초를 돌려 장식하고 그 가장자리는 동심원을 시문하였으며, 향완의 나팔형 굽에는 윤곽만을 선으로 딴 당초무늬를 성글게 채워넣고 그 위아래로 구름, 동심원, 여의두 등의 보조 문양들을 줄지어 돌렸다.

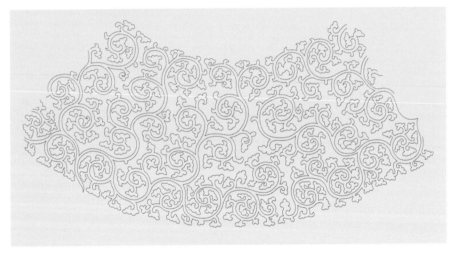

청동제은입사홍왕사
명향완 전 부분(위 왼
쪽)

도면. 전 부분 문양
(위 오른쪽)

도면. 청동제은입사
홍왕사명향완 다리
부분 문양(아래)

향완 받침 가장자리에는 '기축년己丑年에 개성開城 홍왕사興王寺의
승려와 지금의 충남 금산인 진례군進禮郡의 부호장副戶長이 함께 발원
하여 제작하였다'는 내용이 은입사되어 있다.

154

27. 청동은입사봉황무늬향합

이 작품은 크기로 미루어 보아 절에서 부처님 앞에 공양할 향을 담아 두는 향합香盒으로 추측되며, 은입사 향완과 함께 사용되었을 것으로 보인다. 향합은 몸체와 동일한 지름의 뚜껑이 서로 끼워져 덮이도록 구성되었는데, 측면의 폭이 9.9cm에 달하는 운두가 깊은 형태이다. 합의 밑면을 제외한 전면全面에 은입사를 이용하여 다채로운 문양을 장식하였다.

뚜껑에는 중앙부에 여의두무늬로 원형 테두리를 두르고 그 안에 구름 속을 날아가는 한 마리의 봉황을 유려하게 표현하였으며, 그 주위에는 연화당초무늬와 당초무늬 등을 둥글게 돌아가며 반복 시문하였다. 뚜껑 외연의 모를 죽인 사면斜面에도 당초무늬 띠를 둘렀고 측면에는

청동은입사봉황무
늬향합
고려 12~13세기,
지름 18.3cm,
높이 9.8cm,
국보 171호,
호암미술관 소장

155

위아래 동일하게 초화草花무늬를 은입사하였다. 유사한 문양 구성을 지닌 나전 장식 향합이 도쿄 국립박물관에 소장되어 있으며, 비슷한 형태의 고려시대 청동은입사향합이 몇 점 보이지만 그 중에서도 이 향합이 형태와 문양 면에서 가장 아름다운 걸작으로 꼽힌다.

청동은입사봉황문향합 뚜껑 부분(위)

뚜껑 전체(아래)

28. 청동제은입사통도사명향완

전형적인 고려 향완에서 볼 수 있는 원형 여의두곽 안에 범자, 연화
당초, 연판, 당초 등이 시문되었다. 향완의 네 면에 동일한 범자 '옴' 자
를 은입사한 별도의 동판을 못으로 붙이고 범자 주변에 여의두무늬를
돌렸으며, 그 사이의 공간에는 연화당초무늬를 배치하되 바탕을 파고
은으로 입사하여 도자기의 역상감逆象嵌 효과를 냈다.

향완의 나팔형 굽에는 윗부분에 연판무늬가 돌려지고 그 밑으로 구
름 사이에 긴 꼬리를 펼친 봉황 두 마리가 날개를 활짝 펴고 있는 모습
이 시문되었는데, 구름의 주요 부분을 여의두 형태로 간략화하여 굵은
은선으로 입사하거나 봉황의 날개 깃을 면입사하여 강조하고, 다른 선
들은 가늘게 처리하여 문양 장식을 더욱 돋보이게 하였다. 구름 속을
나는 봉황은 매우 유려한 선으로 표현되어 마치 붓으로 직접 그림을 그
린 듯하다.

159

29. 청동제은입사백장사명향완

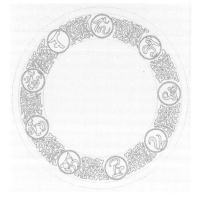

남원 실상사實相寺의 백장암百丈庵에 전해지던 백장사百丈寺명향완은 고려시대 향완을 계승한 조선시대 전기의 향완이다. 고려시대 양식인 넓은 전을 지닌 고배형高杯形을 그대로 따랐으며 표면에 고려 향완에서 보았던 문양들과 같은 계통의 은입사 문양이 시문되어 있다. 그러나 조선시대에 들어서 이들 문양의 변형된 모습을 살펴볼 수 있는데, 범자가 한 글자씩 동체를 돌아가며 입사된 고려 향완과 달리 다섯 자의 범자를 상·하·좌·우·중앙에 배치한 원형圓形 문양곽文樣廓이 네 면에 입사되었으며, 전 둘레에는 아홉 자의 범자가 돌려졌다. 범자 문양곽의 사이 여백에 시문된 당초무늬는 고려시대 향완의 공간 장식에서도 자주 사용되던 것이지만, 그에 비하여 도안이 도식적이다. 나팔형 굽에는 고려시

청동제은입사백장사 명향완(오른쪽)
조선 1584년,
높이 30cm,
보물 420호,
전라북도 남원 실상사 소장

전 부분(위)

도면. 전 부분 문양 (아래)

대 향완에서도 자주 사용되었던 연화당초무늬가 전면에 가득 시문되었다. 왕조가 바뀌어도 사찰에서 행해지는 여러 가지 불교 의식과 여기에 필요한 불교 용구는 변치 않았을 것이며, 이를 제작하는 장인들이 선대로부터 전수받은 기술에 새로운 장식 의도를 더하여 고려와 유사하지만 똑같지는 않은, 이러한 향완이 제작·사용되었다고 보인다.

향완의 전 밑면에는 만력萬曆 12년(1584년)에 이 향완이 제작되었을 때 참여하였던 발원자들의 이름이 점각點刻으로 명기되어 있다.

30. 철제은입사향로

철제은입사향로
조선 19세기,
높이 14.8cm,
국립민속박물관 소장

전 부분(아래 왼쪽)

도면, 윗부분 문양(아래 오른쪽)

크기는 작지만 형태와 문양이 독특한 향로이다. 향로에 삼족三足을 달았으나 삼족을 연결하는 둥근 판을 받침으로 삼아 안정성을 높였다. 삼족과 교차하는 위치에 위로 향하는 세 개의 손잡이가 달려 있다. 뚜껑에는 마치 과일 꼭지를 잘라놓은 것 같은 모양의 손잡이가 달려 있는데, 이는 몸체에 달린 세 개의 손잡이와 같은 모양이다.

향로 전체에 쪼음질 기법으로 문양을 은입사하였는데, 동체 손잡이 사이의 구획된 공간 세 곳에 거북·새우·게가 도안화되어 묘사되었다. 이런 동물들은 조선 말기에 십장생도十長生圖 또는 어해도魚蟹圖에 등장하는데, 길상吉祥 무늬로 자주 사용되었다. 손잡이와 삼족에는 영지靈芝가 간략하게 장식되어 있으며, 뚜껑에는 사괘四卦를 향 구멍과 교차시켜 장식하였다. 외곽선이나 손잡이 부분에 구리 입사로 포인트를 주는 등 세심하게 문양을 정리하였다.

철제은입사향로 새우 문양(위)

철제은입사향로 게 문양(아래)

도면. 철제은입사향로 문양(옆면)

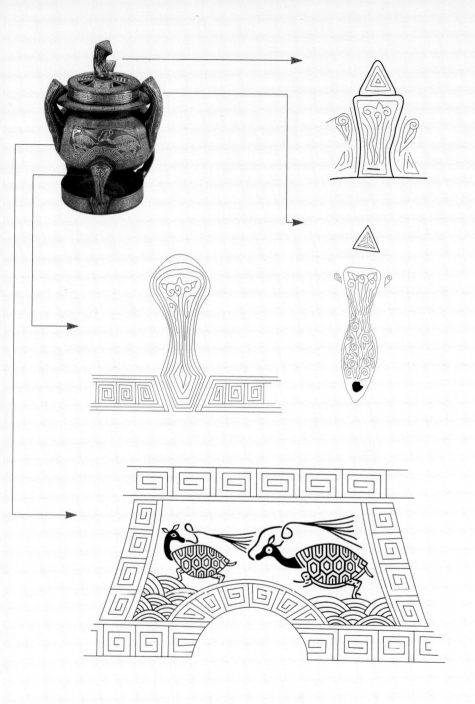

31. 청동제은입사포류수금무늬정병

**청동제은입사포류수
금무늬정병**
고려 12세기,
높이 37.5cm,
국보 92호,
국립중앙박물관 소장

**청동제은입사포류수
금무늬정병 윗부분**
(아래)

정병은 부처님 앞에 정수를 바치는 공양구로, 일반적으로 목이 긴 병 위에 대롱처럼 생긴 첨대가 붙은 형태이다. 삼국시대의 금동관음보살상金銅觀音菩薩像에서는 관음보살이 한 손에 정병을 든 모습으로 표현되었으며, 고려 불화에서는 수월관음보살水月觀音菩薩 옆에 버드나무가지를 첨대에 꽂은 정병이 놓여 있는 모습을 살펴볼 수 있다. 중국에서는 당대唐代에 많은 수가 제작되었으며, 우리나라에서는 청자와 청동, 은으로 만들어진 다양한 정병이 전해지고 있어 고려 때 대표적인 불교 공양구로서 불교 의식에 실제로 제작·사용되었던 것으로 여겨진다.

이 작품은 고려시대 청동제은입사정병 가운데 가장 아름다운 걸작으로 표면에 푸른 청동 녹이 덮여 있고 은입사된 문양이 이와 어우러져 한층 두드러져 보인다. 어깨가 살짝 강조된 둥근 몸체에는 위아래로 여의두무늬를 돌렸으며, 귀때를 중심으로 양쪽에 한 그루의 버드나무가

서로 다른 형태로 표현되었다. 그 사이의 공간에 작은 섬들과 갯버들, 헤엄치거나 날고 있는 물오리, 배를 탄 인물 등 한가로운 강가의 풍경을 회화적으로 표현하였다. 정병의 귀때에는 연화당초와 연잎을 장식하고, 목에는 구름이, 첨대에는 파초芭蕉가 입사되었다. 또한 귀때의 덮개와 첨대의 하단 환테 상부는 당초무늬를 투조한 은판으로 감싸 장식효과를 높여주었다.

청동제은입사용무늬정병의 보존 처리

예로부터 유물 표면에 문양이나 명문을 새겨넣는 입사가 널리 행하여졌
는데 특히 고려시대에는 정병과 향완 등에 청동의 표면과 구분되어 문
양이 잘 드러나도록 금 · 은 · 동 등의 재료를 이용하여 입사를 하였다.
이러한 입사는 오랜 시간이 지나면서 부식물로 덮여 원래의 문양을 알
아볼 수 없는 경우가 많으므로 이를 제거하여 유물의 가치를 높이고 부
식이 진행되지 않도록 할 필요가 있다.
입사된 청동 유물의 일반적인 보존 처리 과정은 다음과 같다.

1. **보존 처리 전 상태 조사** 육안과 현미경, X선투과조사기를 사용하
   여 유물의 부식이나 파손 상태, 그리고 입사의 위치 등을 조사하
   고, X선형광분석기(XRF) 등을 이용하여 비파괴적으로 유물의 바탕
   과 입사 재질 등을 분석한다. 이를 토대로 유물의 보존 처리 전 상
   태를 상세하게 기록한다.

2. **이물질 제거** 물리적인 방법으로 표면의 이물질을 제거하여 입사
   되어 있는 문양을 표출시킨다.

3. **안정화 처리** 방청제인 벤조트리아졸Benzotriazole을 에탄올에 용해
   시킨 용액에 진공함침(진공을 걸어서 유물의 부식부, 균열 등에 남아
   있는 공기 등을 제거하고 방청제를 침투시키는 작업)시켜 안정한 상태
   의 구리-벤조트리아졸 피막을 형성시켜준다.

4. **외부 환경 차단** 아크릴계 합성수지를 용제에 녹여 표면에 발라
   수분과 유해가스와 같은 외부 환경을 차단하여 새로운 부식물 생
   성을 억제한다.

5. **접합 및 복원** 제거가 가능한 가역적인 재료와 방법을 사용하여
   파손 결실된 부분을 접합 복원한다.

통도사 소장 청동제은입사용무늬정병은 청동에 은으로 용 문양 등이 입
사되어 있으나 부식으로 인하여 정확한 문양이 나타나지 않고 귀때와
첨대가 결실되어 있었다. 입사된 은을 덮고 있는 이물질은 고령토를 에
탄올에 적셔 물리적으로 제거하였으며 벤조트리아졸에 진공함침시켜
구리-벤조트리아졸 피막을 형성시켰다. 특히 결실된 귀때와 첨대를 복

① 처리 전 부식물로 문양이 덮여 있고 귀
때와 첨대가 결실되어 있다.

② 처리 중 이물질 제거와 안정화처리가
완료된 후 귀때와 첨대를 에폭시로 복
원하였다.

③ 처리 후 복원된 귀때와 첨대에 채색하
고 문양을 그려 전체적인 조화를 맞추
어주었다.

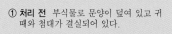

원하였는데 이러한 복원 작업은 형태와 크기뿐 아니라 문양까지 원 유
물과 맞추어줌으로써 유물의 전체적인 균형을 이루도록 하였다.
이와 같이 보존 처리는 유물을 안정화시켜 부식을 방지함으로써 항구적
인 보존을 할 수 있으며 유물이 본래 지니고 있는 외형을 찾아줌으로써
미술사적 가치를 높일 수 있다.

국립중앙박물관 보존과학실 글·사진 제공

32. 청동제은입사용무늬정병

**청동제은입사용무늬
정병**
고려 13세기,
높이 40.7cm, 경상남
도 문화재 102호,
경남 양산 통도사성보
박물관 소장

윗부분(아래 왼쪽)

도면. 윗부분 문양

**청동제은입사용무늬
정병 무늬**(뒷면)

정병에 용을 입사한 드문 예이며, 귀때와 첨대가 결실된 것을 복원·수리하였다. 이 정병은 크기에서나 형태에서 당당하면서도 힘이 넘치는 아름다움이 느껴진다. 동체를 세 개의 원으로 구획하여 그 안에 용을 한 마리씩 입사하였으며, 첨대 아래 가장자리에는 두 마리의 용이 팔각으로 모를 준 첨대를 둘러싸고 있다. 이러한 용 문양은 고려시대의 입사공예품 가운데 향완이나 대형 대야에서는 찾아볼 수 있으나 정병에서는 시문된 예가 드물다. 동체의 주문양 외곽과 정병의 목 부분에는 은입사향완이나 정병에서 바탕 문양으로 자주 이용되는 연화당초를 채워넣었다. 그 외에 목과 몸체의 중간인 어깨 부분과 귀때가 붙은 가장자리, 굽의 가장자리에 끝이 뾰족한 여의두무늬를 돌려 장식하였다. 정교한 은선으로 입사된 문양이 검은 청동 녹과 대비되는 색채 효과를 주어 더욱 돋보이는 작품이다.

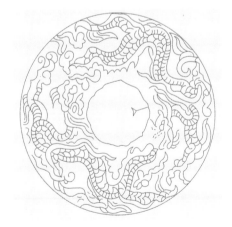

청동제은입사만자무 늬정병
고려 14세기,
높이 23.5cm,
국립중앙박물관 소장

이 정병은 보통 가늘고 목이 긴 다른 정병들에 비해 키가 작고 몸체는 퉁퉁하며, 몸체 아랫부분에서부터 어깨까지 올라오는 긴 주구注口가 달려 있다. 일반적으로 덮개 달린 짤막한 귀때를 가진 정병은 물을 따를 때 불편한 느낌을 주는 데 비해, 이러한 모양의 주구는 물을 따르기 편리하도록 주전자 모양으로 변화된 점이 흥미롭다. 주구가 붙어 있는 몸체 쪽 방형의 테두리 안에 일곱 자씩 네 줄의 명문을 은입사로 표현하였는데, 피안彼岸의 세계에 이르고자 하는 내용의 발원문發願文이 기록되었다. 명문의 좌우 면에는 각각 버드나무 한 그루와 꽃나무 한 그루를 시문하였다.

첨대와 목 부분에는 양식화된 구름을 시문하였으며 환테가 있는 상부 면에는 만卍자를 첨대 주변의 네 방향에 하나씩 배치하였고, 어깨 부분에는 범자 여덟 자를 일정한 간격으로 돌렸다. 범자의 필체가 고려 은입사향완 등에서 볼 수 있는 세련된 필치와는 달리 약간 도식화된 조필粗筆이며 부분적으로 범자무늬가 사용된 점으로 미루어 고려 말에 제작된 것으로 추정된다.

34. 황통10년명발우

황통10년명발우

고려 1150년,
높이 13.5,
지름 31.9cm,
국립청주박물관 소장

청동 그릇 가운데 발우鉢盂는 사찰에서 사용하는 식기로, 범어인 '파 트라pātra'를 한문으로 표현한 발다라鉢多羅의 약칭으로 응기應器·응 량기應量器라고도 한다. 발우는 밥그릇, 국그릇, 물그릇, 찬그릇 등 각 각 크기가 다른 그릇이 가장 큰 밥그릇 안에 포개져 한 벌을 이루며 그 속에 순가락 등 부속물을 담아 운반이나 보관하기에 편하도록 하였다. 우리나라에서는 고려시대에 금속제발우를 많이 사용하였으며, 조선시 대에는 목기에 옻칠을 한 나무 발우를 애용하였다.

이 발우는 청주 흥덕사興德寺터에서 발견된 것으로 둥근 바닥에 몸체 가 밖으로 벌어지다가 한번 꺾인 뒤 폭이 넓은 직립된 구연을 이룬다. 이 직립된 구연부를 돌아가며 '황통皇統 10년 경오 4월 일에 흥덕사의 의지 중대사 영인領仁이 왕생 극락정토를 위해 불발佛鉢 하나를 바치는 데 들어간 무게는 2근 6량이다'라는 내용의 음각 명문이 새겨져 있다.

청주의 사뇌사터에서도 통화統和15년(997년)명발우가 확인되어, 고려 초기 청동그릇의 형태를 연구하는 데 귀중한 자료가 되고 있다.

35. 청도 운문사동호

청도 운문사동호
고려 1067년,
높이 55cm,
보물 208호,
경북 청도 운문사 소장

경상북도 청도 운문사雲門寺에 소장된 청동항아리로, '함옹삼년유월일개조동해중삼십근도감대덕성념咸雍三年六月日改造童海重三十斤都監大德成念'이라는 명문을 통해 1067년에 제작된 작품임을 알 수 있다. 높이가 55cm에 달하는 대형 작품으로, 비슷한 용도로 쓰였을 '운봉사雲峰寺' 명銘의 대형 청동항아리가 국립중앙박물관에 한 점 소장되어 있다.

전체적으로 검은 색조를 띠고 있으며 항아리처럼 둥글고 벌어진 몸체의 저면에는 약간 밖으로 벌어진 높은 굽이 있다. 몸체에는 아무런 장식이 없고 양 어깨 부분에 고리형의 손잡이가 돌출되었으며, 손잡이 안으로 둥근 고리가 달려 있다. 직립된 구연부를 가진 뚜껑은 위로 가면서 납작해지다가 중앙에서 2단의 굴곡을 이루었고, 솟아오른 높은 손잡이 위에 각각 연꽃과 화염보주火焰寶珠를 투각한 화려한 모습의 뉴鈕가 부착되었다. 이러한 형태의 대형 항아리는 일반적인 용도보다 사찰의 공양 법구로 특별히 제작된 불기佛器의 일종으로 짐작된다.

180

36. 송광사금동요령

일반적인 요령搖鈴과 달리 몸체를 사각으로 처리한 독특한 형태를 지니고 있다. 반구형을 이룬 몸체 윗부분에 연당초蓮唐草무늬를 부조하였고, 그 아래의 어깨 부분부터 구연口緣까지 네 줄의 세로 연주連珠무늬 띠로 구획하여 사면으로 나누었다. 사각의 각 면마다 S자형으로 용틀임하며 하늘로 비상하는 듯한 용을 한 마리씩 조각하고, 그 여백에는 어자魚子무늬로 장식하였다. 그리고 사면의 끝단 구연부는 연주무늬 띠로 장식된 굴곡을 이룬 능형稜形으로 처리하여 변화를 주었다.

손잡이는 그 중간 부분에 북 모양의 고복형鼓腹形 마디로 구획하였고, 위아래에 사격자斜格子무늬로 음각 시문하였다. 손잡이의 윗부분은 현재 일부가 손상되어 정확한 상태를 알 수 없으나, 십자형으로 벌어져 있어 또 다른 장식이 첨가되었던 것으로 추측된다. 몸체 윗부분과 손잡이 부분에 서로 접합한 흔적이 남아 있다.

이 금동요령은 형태가 독특하면서도 섬세하게 처리된 생동감 있는 문양 표현 등으로 미루어 고려시대에 널리 유행한 금강령金剛鈴 형식에 앞서 제작된 고려 초기의 작품으로 추정되나, 일부에서는 통일신라 후기의 작품으로 보는 견해도 있다.

송광사금동요령
고려 초기,
높이 20.6cm,
보물 176호,
전남 승주 송광사 소장

37. 청동오고령

청동오고령
고려 13세기,
높이 22.5cm,
국립전주박물관 소장

원래는 다섯 개의 고를 지닌 오고령五鈷鈴이었으나, 현재 두 개는 완전히 절단되고 중앙의 고 좌우에 있는 협고脇鈷 역시 끝단이 조금 부러져 있어 마치 3고처럼 보인다. 손잡이는 몇 개의 띠로 구획되어, 윗부분은 앙복련의 연판무늬 띠로, 가운데 부분은 귀목鬼目무늬의 두 마디로 만들었으며, 그 아래 단을 잘룩하게 좁혀 연화좌 위에 올려놓은 복발覆鉢 형태로 구성하였다.

몸체의 윗부분에는 삼중으로 중첩된 양감 있는 연판무늬로 에워싸고, 아랫부분의 구연은 두 줄의 돌기선으로 장식된 6릉형六稜形으로 처리하였다. 둥근 몸체를 돌아가며 앞뒤 면에 각각 합장한 보살상과 보관寶冠을 쓴 제석천帝釋天과 범천상梵天像을 배치하고, 그 좌우편으로 사천왕상四天王像이 고부조되었다. 이 사천왕상은 다른 부분에 비해 지물이나 신체의 모습 등이 비교적 세밀하게 묘사되었는데 각각 활과 창, 도끼, 검을 들고 투구를 쓴 무장武將의 모습이다. 북방다문천왕北方多聞天王은 왼손에 보탑을 들고 있어 도상을 분명히 확인할 수 있다. 부피감 있는 부조상의 표현이나 사천왕 도상의 세밀한 표현 등으로 미루어 고려시대에서도 그다지 시기가 늦지 않는 13세기쯤에 제작된 것으로 추정된다.

38. 금동오고령

금동오고령
고려 13세기,
높이 19.2cm,
국립경주박물관 소장

손잡이의 끝 부분인 고부鈷部가 다섯 가지〔오고五鈷〕의 금강저 형태로 된 오고령五鈷鈴으로, 전면에 걸쳐 화려하게 도금되었고 보존 상태도 완벽한 수작이다. 가지가 굵은 중앙고中央鈷를 중심으로 발톱 형상의 날카로운 네 개의 협고脇鈷가 한데 모아지도록 구성되었으며, 그 하단 바깥쪽에는 귀목鬼目무늬가 장식되었다.

손잡이〔파부把部〕는 가운데 부분에 여섯 개의 귀면무늬가 돌아가며 장식된 불룩한 고복형으로 만들어 상하단으로 나누었다. 고복형 귀면 장식을 중심으로 상단부는 다시 두 줄의 띠매듭으로 묶어 연판무늬를 대칭되게 시문하였고, 하단부에는 앙련만을 장식하였다. 몸체〔영신부鈴身部〕는 윗부분이 좁고 배 부분이 불룩해지다가 구연부가 안으로 오므라든 범종의 형태로, 상부 면에는 복련의 연판무늬 띠를 두르고 그 아래의 어깨 부분에는 연주무늬 띠가 돌려져 있다. 구연부 바로 위에도 연주무늬 띠로 장식되어 마치 범종의 상하대를 연상케 한다.

몸체를 돌아가며 앞뒤 면에는 앉아 있는 모습의 명왕상明王像을 고부조하였고 그 좌우편에 독고저獨鈷杵를 하나씩 묘사하고 있어 흥미롭다. 이 상들은 세부 표현이 불분명하지만 앞뒤의 상이 서로 다른데, 상체를 벗고 머리카락이 길게 솟아 있으며 지물을 잡은 듯한 상과, 법의法衣를 입고 장식 보관을 쓴 상으로 구별되며 둘 다 머리 위에는 원형의 화염 광배火焰光背를 두르고 있다. 일반적인 고려시대 금강령이 몸체에 제석천과 범천, 사천왕상을 장식하는 것에 비해 매우 이례적인 도상임을 알 수 있다.

39. 사뇌사터 출토 금강령

사뇌사터 출토 금강령
고려 13세기,
높이 27.4cm,
청주 사뇌사터 출토,
국립청주박물관 소장

청주의 사뇌사思惱寺터에서 여러 종류의 금속 공예품과 함께 출토된 금강령이다. 손잡이 윗부분의 가지는 일반적인 금강령과 달리, 세 가닥으로 갈라진 가지 가운데 좌우의 가지가 중앙에 길게 솟아오른 가지의 중단쯤에 함께 모아졌고, 다시 좌우 가지 위에서 솟아오른 가지가 중심 윗부분에 합쳐져 3고이면서 마치 5고처럼 보이는 독특한 형태를 취하였다. 손잡이 부분은 북 모양의 마디와 띠로 삼단 구분하였고, 이 중간 북 모양의 띠에는 꽃 문양을 장식하였다. 손잡이 끝 부분과 맞닿는 몸체의 상부에는 위로 솟아오른 연판무늬로 매우 입체감 있게 장식하였다.

6릉으로 굴곡을 이룬 몸체의 여섯 면에는 사천왕상과 제석·범천상을 번갈아 부조하여 고려 금강령의 일반적인 도상圖像을 따르고 있다. 이 상들은 구름 위에 각각 독특한 자세로 선 채 지물을 들고 있는 모습으로, 광배와 갑옷의 표현 등 다른 금강령의 부조상에 비해 훨씬 정교하고 세련된 느낌이 든다.

몸체 안에 걸려 있던 탁설鐸舌은 머리 부분에 고리가 뚫려 있고, 중간 부분이 잘록하다가 끝 부분으로 가면서 점차 몽둥이처럼 두꺼워지는데, 끝 부분에 양 눈과 찢어진 입을 묘사하여 전체적으로 물고기 형상으로 조각하였음이 주목된다. 지금까지 그 예를 볼 수 없었던 고려시대 탁설의 형태를 규명하는 데 매우 귀중한 자료라 할 수 있다.

지국천(동)

증장천(서)

광목천(남)

다문천(북)

천부상(범천과 제석천)

40. 흥덕사터 출토 청동삼고저

**흥덕사터 출토 청동
삼고저**
고려 13~14세기,
높이 27.5cm,
청주 흥덕사터 출토,
국립청주박물관 소장

청주 운천동의 흥덕사興德寺터에서 여러 불교 공예품과 함께 발견된 금강저로 위아래 부분이 세 개의 가지로 구성된 삼고저三鈷杵이다. 철제솥과 함께 출토되어 표면이 붉은 색을 띤다.

손잡이 부분은 중앙의 귀목무늬를 중심으로 위아래로 핀 가는 연잎을 매듭으로 묶은 듯한 문양이 위아래쪽에 장식되어 있다. 손잡이 양끝 부분에는 눈망울이 부리부리하고 코와 귀의 윤곽이 또렷하며 날카로운 이빨이 새겨진 동물의 입에서 나온 두 가지의 고와 중앙 부분의 고가 끝부분에서 합쳐진다. 동물의 턱과 목덜미 부분을 가는 선으로 섬세하게 표현하고 있다.

우리나라 금강저의 남아 있는 예가 매우 드문 시점에서 출토지가 확실한 고려시대 작품인 점에서 그 가치가 크다.

III. 장엄구

　부처의 위대함과 숭고한 정신, 지극한 덕을 중생들에게 보다 효과적으로 알리기 위한 방편으로 불상 주위를 아름답고도 엄숙하게 장식하는 것을 장엄구莊嚴具라고 말한다. 여기에는 불단 주변에 놓이는 각종 불구佛具를 비롯하여 부처의 정토세계淨土世界를 현세에 재현하기 위한 모든 것이 포함된다.

　장엄구에는 불·보살상을 장식하는 각종 장신구와 광배光背를 비롯하여 수미단須彌壇 위에 설치되는 보개寶蓋, 불단 주변을 장식하는 번幡 등의 장식물이 포함되며, 이 외에 불전佛殿 안에 놓여지는 금속제불탑이나 소형 보당寶幢 등 모든 불교 용구도 장엄구라고 할 수 있다. 따라서 공양구에 속하는 불구佛具조차도 장엄구의 일부로 볼 수 있다.

　아울러 불정토의 세계를 사역寺域 전체로 확대해볼 때 사찰 초입에 수십 미터 높이로 세워지는 당간幢竿은 사찰 구역으로 들어오는 모든 중생들에게 이곳이 청정한 불정토의 세계임을 알리고, 겸양의 마음가짐을 지니게 함과 동시에 사찰 외곽을 장엄코자 하는 것이다. 당간 꼭대기에 용이나 봉황의 머리를 꽂고 여기에 당번 깃발을 매달아 멀리서도 부처님 세계의 장엄함을 볼 수 있도록 하였다.

　또한 불탑의 경우 외부에는 옥개 끝에 풍탁風鐸을 달아 불탑을 장엄하였으며, 내부에는 사리舍利를 모시기 위한 사리장엄구가 봉안되었다.

193

사리장엄구

부처님이 쿠시나가라Kusinagara의 사라쌍수沙羅雙樹 아래서 열반에 든

후 제자들이 유해를 화장하여 나온 사리를 나누어 불탑을 건립하였다

고 전해지는데, 탑이란 바로 부처님의 사리를 봉안하기 위한 무덤으로

자연히 불교도들에게 숭배의 대상이 되었다. 그러므로 돌이나 흙, 나무

등 탑의 재질에 관계없이 탑의 심초석心礎石이나 기단부, 또는 탑신부

塔身部 등에 사리 안치소安置所를 만들어 사리를 봉안하였으며, 이러한

사리를 보호하거나 장엄하기 위한 목적으로 사리기와 그에 관련된 사리장엄구가 제작되기 시작하였다.

'사리'란 팔리어인 '사리라Sarira'를 한자어로 표기한 것으로, 부처님의 몸에서 나온 뼈나 결정체를 진신眞身사리라고 하였고, 부처님이 설법한 내용을 기록한 경전은 특별히 법신法身사리라 하여 사리와 동일하게 취급되었다. 진신사리에는 전신全身사리(부처님의 시신)와 쇄신碎身사리(다비하여 남은 유골)가 있으며, 우리나라의 경우 처음에는 중국을 통해 들여온 부처의 진신사리를 봉안하여 탑을 세우고자 하였으나 그 수효의 부족으로 깨끗한 모래와 수정, 보석류와 같은 광물을 사리로 이용한 대용 사리도 널리 쓰이게 되었다.

우리나라의 사리장엄구 가운데 사리 그릇은 금·은·동·유리·수정·곱돌〔납석蠟石〕·나무 등으로 종류가 다양하며 3겹·4겹·5겹으로 포개어 봉안하는 것이 일반적이다. 한편 사리장엄구의 형태는 각 나라마다 조금씩 차이가 있지만 우리나라의 경우 원형 또는 방형의 합盒·함函, 항아리 또는 병, 육각 또는 팔각의 당탑형堂塔形, 그릇을 거꾸로 엎은 듯한 복발형覆鉢形의 용기 등으로 분류할 수 있다. 사리 안쪽에 놓이는 사리기일수록 더 좋은 재료를 쓰게 되며 가장 안쪽의 그릇은 대체로 녹색 유리나 수정으로 만든 병이 그 역할을 담당하였다.

송림사오층전탑松林寺五層塼塔에서 발견된 사리구는 사리를 담은 녹색 유리사리병과 표면에 고리 모양의 무늬〔환문環文〕가 장식된 녹색 유리잔을 금판과 금봉金棒을 조립하여 만든 전각殿閣 형태의 사리기에 안치한 독특한 형식을 취하였다. 또한 왕궁리오층석탑王宮里五層石塔에서 발견된 사리병은 둥그런 몸체에 잘룩하고 긴 목 위로 연꽃봉오리 형태의 금마개를 덮은 세련된 모습으로, 우리나라 사리병 가운데 가장 아름다운 걸작으로 꼽힌다.

삼국시대의 사리장엄구는 현재 남아 있는 탑의 수효가 적어 그다지 많은 예가 알려져 있지 않다. 우리나라에 사리가 전래된 것은 549년에 중국 양梁나라의 무제武帝가 심호沈湖를 통해 신라 진흥왕에게 보낸 것이 가장 이른 기록이다. 또한 588년에 백제에서 승려와 불사리佛舍利를 보냈다는 『일본서기日本書紀』의 기록을 참고해볼 때 삼국시대 6세기 후반쯤에 사리공양과 함께 사리장엄구가 제작되었음을 추측할 수 있다.

백제 창왕명석조사리감
백제 567년,
높이 74cm,
국보 288호, 충남 부여 능산리 절터 출토,
국립부여박물관 소장

더구나 근래 부여 능산리陵山里 목탑터 아래의 심초석 위에서 567년에 제작된 화강암제사리감이 출토되면서 6세기 중엽경에 사리장엄이 이루어졌다는 사실을 더욱 분명히 확인할 수 있게 되었다.

삼국시대의 대표적 사리구인 분황사모전석탑芬皇寺模塼石塔의 사리장엄구는 석함石函 속에서 분황사 창건 때에 납입되었던 은침통, 금·은바늘과 가위, 금동제장식품 등의 사리공양품과 함께 그 이후 탑의 개보수 때 추가된 것으로 판단되는 고려시대 동전과 은합 등 많은 양의 생활용품이 발견되었다. 초기의 사리장엄구에는 사리기 이외에 사리 봉안 의식에 참여한 왕실과 귀족들의 물품 공양이 마치 고분에 부장품을 넣듯 행해졌던 것으로 여겨진다.

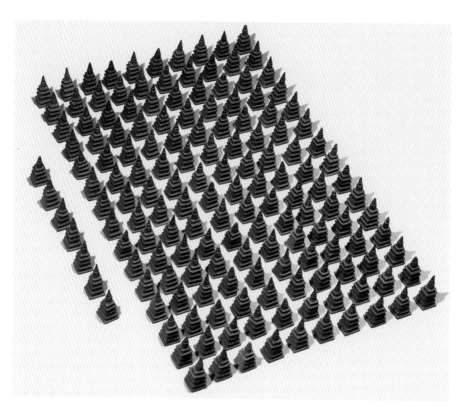

**전 해인사묘길상탑
출토 토제소탑**
통일신라 895년,
높이 6.5~7cm, 전 경
남 합천 해인사 출토,
국립중앙박물관 소장

통일신라 682년에 제작된 감은사感恩寺동서삼층석탑에서 발견된 사
리기는 상자형의 청동외함과 기단에 보개를 덮은 모습의 내사리기, 그
리고 이 내사리기 안에 수정제사리병을 안치하여 본격적인 사리장엄
형식을 갖추게 된다. 이 감은사 사리기의 방형 외함에 장식된 사천왕상
은 이국적인 무장武將의 모습을 하고 있어 당시 통일신라 미술의 국제
적인 면모를 반영해준다.

한편 황복사탑皇福寺塔에서는 방형 금동함 안에 크기를 줄여가며 은
합과 금합, 녹색 유리사리병을 넣은 사리용기 세트와 함께 순금제불상
두 점이 발견되었다. 시대를 약간 달리하여 봉안된 것으로 추정되는 정
교한 이 두 점의 불상은 당시 불교 조각의 양상을 잘 보여준다. 역시 나

197

원리석탑羅原里石塔에서도 사리기와 함께 금동소탑과 작은 금동불이 발견되어 이를 통해 당시 사리장엄에서 사리 이외에 불상과 소탑·경전 등이 함께 납입되기도 하였으며, 이들은 부처의 유골인 진신사리와 같은 의미를 지닌 것임을 알 수 있었다. 특히 익산 왕궁리오층석탑에서는 진신사리를 모신 사리장엄구와 함께 열아홉 매의 순금제금강경판純金製金剛經板이 함께 발견되어 우리나라의 사리신앙에서 법신사리가 중요시되었음을 밝혀주고 있다.

통일신라 중엽에 와서는 황복사탑에서 처음으로 납입 기록을 확인할 수 있는 『무구정광대다라니경無垢淨光大陀羅尼經』이 출토되었는데 이 경전에 따라 99개, 혹은 77개의 작은 탑을 만들어 그 하나하나에 다라니를 봉안하게 되었고, 이러한 탑을 '무구정탑'이라 했다. 처음에는 황복사탑 금동외함이나 도쿄국립박물관 소장의 금동원합金銅圓盒처럼 사리기 외면에 99기의 탑을 새기는 단순한 형식이었다가 9세기에 들어오면서 선림원터탑와 전 해인사묘길상탑에서 발견된 것처럼 실제로 77개 혹은 99개의 흙이나 납석으로 만든 소탑을 사리기와 별도로 넣게 된다.

고려시대 사리기 역시 신라의 전통을 일부 따르면서도 여러가지 새로운 요소가 첨가된다. 즉 전각형이나 복발형과 같은 복잡하고 화려한 모양에서 원통형, 육각당형六角堂形과 같은 단순한 형태로 바뀌며 그 바깥 용기를 청동제 대신에 도자기로 삼은 예가 많아진다. 또한 유리제 사리병이 차츰 수정이나 금속제병으로 바뀌는 경향을 보인다. 이러한 예를 잘 보여주는 것이 고려 후기에 제작된 수종사水鐘寺 부도 출토 사리기로서 중국 원나라의 대형 용천요龍泉窯 청자항아리를 사용하여 외사리기를 삼고, 그 내부에는 팔각의 지붕과 투각된 창호窓戶로 구성된 육각당형의 은제사리기와 수정세사리병을 안치한 형식이다. 이 시기

사리기 중에는 원나라의 영향을 받아 라마喇嘛 탑의 모습을 한 사리기도 있다.

금강산에서 출토된 이성계 발원의 사리기(1390~1391년)는 여기에서 조금 변화·발전된 양상을 보여주는데, 가장 바깥에 놓이는 용기를 백자로 만들고 내부로 가면서 동제의 발鉢과 팔각당형 사리기, 다시 이 안에 원나라의 영향을 받은 라마 탑의 모습을 한 내사리기, 원통형 유리제사리병을 안치한 형식이다. 이처럼 고려 후기에는 원나라 불교가 고려로 유입되어 탑과 사리기, 불상 등에서 라마 불교 미술의 영향이 폭넓게 반영되어 있다.

조선시대의 사리장엄구는 불탑과 함께, 스님들의 부도浮屠와 불상 안에 넣는 복장 유물에서 많은 수가 발견된다. 사리기의 형태는 형식에 구애되지 않고 매우 다양해졌고, 뚜껑이 있는 원합圓盒이 가장 널리 사용되었다. 또한 바깥 용기가 고려 말에서부터 사용되던 백자 또는 대리석 등으로 바뀌었고, 내부에 안치되는 사리기는 후대로 가면서 청동제보다는 놋쇠〔유제鍮製〕가 널리 쓰인 점을 볼 수 있다. 사리병은 유리 대신 수정·옥·호박琥珀 등으로 다양하게 만들어지며, 음양오행설陰陽五行設說에 따라 오색실·오곡五穀·직물 같은 여러 가지 공양품을 함께 넣는 것도 조선시대의 특징이라 하겠다.

이처럼 사리장엄구 가운데는 봉안 당시에 최대의 정성과 기술적 역량을 동원하여 제작된 뛰어난 작품이 많다. 아울러 제작 시기는 물론 공양자나 그와 관련된 발원문 등을 기록한 경우가 많아 이를 토대로 한국 금속공예의 흐름을 한눈에 살펴볼 수 있어 더없이 귀중한 자료라고 할 수 있다.

41. 경주 분황사모전석탑 사리장엄구

은합

경주분황사모전석탑
사리장엄구
신라 634년경,
은합 지름 3.8cm,
은제동심원무늬은구
지름 2.4cm,
경북 경주 분황사모전
석탑 출토,
국립경주박물관 소장

분황사芬皇寺는 선덕여왕善德女王 3년(634)에 창건된 절이며, 석탑의 건립 연대도 동일한 것으로 여겨진다. 1905년 조사·수습된 분황사탑 사리구에는 창건 당시의 유물과 이후 개보수 때의 유물이 혼재되어 있다. 일제강점기에 조사된 유물 내용을 검토하면 창건 당시의 사리기舍 利器로 사용된 녹색 유리사리병 편片이 있으며, 이와는 별도의 장치로 은합에 사리 5과顆가 납입되어 있었다. 은합은 고려시대의 상평오수常 平五銖와 숭녕중보崇寧重寶 두 동전과 함께 더하여 넣은 것으로 보인다. 창건 당시에 사리를 유리병에만 넣어 봉안하였는지 의문스럽지만 병을 넣었을 만한 다른 외용기外容器는 발견되지 않았다.

이러한 사리용기 외에 분황사 사리장엄구는 다양한 종류의 공양품을 포함하고 있는데, 여러 가지 장식 구슬과 일상용품들이 주류를 이룬다. 공양품은 경전에 보이는 칠보공양七寶供養과 관련된 것으로, 고대 인도

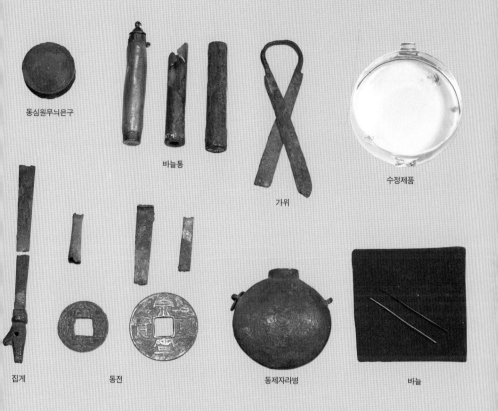

동심원무늬은구

바늘통

가위

수정제품

집게

동전

동제자라병

바늘

에서도 부장품副葬品 성격을 띤 금은귀석金銀貴石이 왕이나 귀족들에 의해 공양되었다. 그중에서 구슬류가 가장 많은데 홍紅·청靑·황黃·녹綠·백白·갈색褐色의 유리구슬로 구성되어 있다. 이 밖의 공양품으로 곡옥曲玉과 절자수정옥切子水晶玉 및 관옥管玉이 있다. 이들은 삼국시대 고분에서도 자주 발견되는 것으로, 특히 곡옥은 통일신라 초까지의 이른 시기(8세기 중엽까지) 사리공양 품목에 속한다.

이외에 특징적인 유물로 이제까지 실패로 알려져 있었으나 귀장신구의 일종으로 생각되는 동심원문은구同心圓文銀具가 있다. 아울러 향유병香油瓶으로 여겨지는 동제자라형병, 금동제 투조장식, 귀걸이장식 편, 바다고둥 등이 공양품에 포함되었고 가위, 집게, 바늘통, 금은제바늘 등의 여성 용품이 많이 포함되어 있는 점이 주목된다.

분황사모전석탑(위)
1층 탑신에서 사리공이 발견되었다.

사리석함(아래)

분황사모전석탑 출토 각종 공양품(옆면 위)

각종 금동제장식구(옆면 아래)

42. 경주 황룡사구층목탑 사리장엄구

경주 황룡사구층목탑
금동내함(찰주본기)(오른쪽)
신라 645년~871년.
크기 22.5×23.4.
경북 경주시 황룡사목
탑터 출토.
국립경주박물관 소장

황룡사구층목탑 추정
복원(아래)
심초석에서 사리공이
발견되었다.

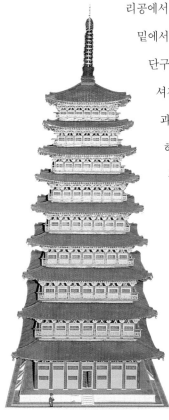

황룡사皇龍寺의 구층목탑은 신라 선덕여왕善德女王 때 자장법사慈藏法師가 호국신앙을 배경으로 건립하였으며, 이 탑의 건립은 이후 사리 신앙 성행의 계기가 되었다.

1976년부터 1983년까지 장기간의 황룡사지 발굴·조사 중 목탑지의 심초석 사리공舍利孔과 심초석 하부의 두 곳에서 일련의 유물이 출토되었다. 탑 심초석 윗면에서 사리기를 납입하기 위한 사리공이 발견되었으며, 탑 심초석 밑에서는 귀금속과 일상용품 등이 출토되었다. 사리공에서 발견된 것은 물론 사리장엄구라고 부르지만 탑 심초석 밑에서 발견된 유물은 진단구鎭壇具로 생각해 볼 수 있다. 진단구는 탑의 안전을 기원하는 것으로, 더 나아가 탑 안에 모셔진 사리에 대한 공양으로 볼 수도 있다. 유물들도 구슬과 장신구를 비롯하여 청동합靑銅盒, 완段, 백자합白磁盒, 허리띠, 칼, 은판, 구리거울 등의 갖가지 일상용품을 위주로 하였으나, 그 의미에 있어서는 기존의 사리공양품과 큰 차이가 없는 것들이다.

황룡사 사리공에 봉안되었던 사리장엄구는 1966년 도난당해 원래의 모습이 훼손되었으며, 도난 후 금합·은합의 사리기, 팔각당형 사리기 등 여러 세트의 사리기가 회수되었다. 그중에는 다른 탑의 유물과 뒤섞인 흔적이 있어 이를 구분·검토하는 데에 어려움이 있다. 단지 금동사리내함에 적힌 찰주본기刹柱本記를 토대로 삼국시대 창건 당시의 사리구

황룡사구층목탑 출토 사리장엄구 일괄(위)

황룡사구층목탑 심초 석 하부 출토 진단구 일괄(옆면 위 · 아래)

모습을 추측해볼 수 있다.

찰주본기에 의하면 사리는 '금은고좌金銀高座' 위의 '사리유리병舍利 琉璃瓶'에 안치되었음을 알 수 있다. 유리병을 사리용기로 사용하는 것 은 중국 수대隋 · 당대唐代의 예에서도 자주 확인되며, 분황사의 경우에도 녹색 유리사리병의 조각들이 발견되었다. 통일신라시대가 되면 녹색 유리병을 사리용기로 사용하고 합盒 · 함函 등의 외사리기에 연화좌蓮花 座를 마련하여 납입한 것을 자주 볼 수 있는데, 이것은 중국의 영향을 받아 성립된 것으로 통일신라시대의 전형적인 방식으로 정착되었다. 현재 사리공에서 수습 · 조사된 유물 중에서 유리병 편은 발견되지 않 아 그 형태와 색깔이 어떠한 것이었는지는 확실치 않다. 황룡사탑 건립 이 당시 국가적인 대사업이었던 만큼 그 안에 모실 불사리용기도 이에 상응하는 정교하고 화려한 것이었음이 분명하다.

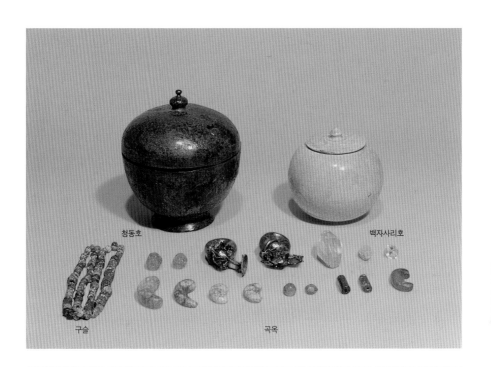

청동호　　　　　　　　　　　　　　　　　백자사리호

구슬　　　　　　　　　　　　곡옥

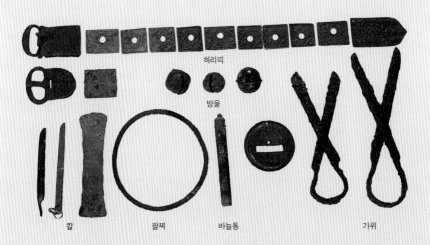

허리띠

방울

칼　　　　팔찌　　　바늘통　　　　　　가위

황룡사탑의 사리구는 당시 신라의 대표적인 사리 봉안의 예로서뿐만 아니라, 백제 공장工匠 아비지阿非知가 목탑 건립에 대장大匠으로 초빙되었다는 기록을 통해 백제의 사리장엄이 신라에 전래되었다는 구체적인 자료를 제공할 수 있다는 점에서도 중요하다.

황룡사구층목탑 심초석(위)
황룡사구층목탑 사리공(아래)

**경주 감은사터서탑
사리장엄구**
통일신라 682년경,
높이(사리외함) 28cm,
보물 366호,
경북 경주 감은사터서
탑 출토,
국립중앙박물관 소장

**감은사터동탑 사리기
(앞면)**
보물 1395호

통일 대업을 이룬 문무왕文武王의 위업을 기리기 위하여 창건되었던 감은사感恩寺는 신문왕神文王 2년(682년)에 건립되었으며, 건립 연대가 『삼국유사三國遺事』와 『삼국사기三國史記』에 기록되어 있어 탑에 사리를 봉안한 연대를 알 수 있는 중요한 사찰이다. 1959년 국립중앙박물관에서 서탑을 해체·복원하는 과정에서 3층옥신屋身 윗면에서 사리기가 발견되었으며, 또한 1996년에 국립문화재연구소가 동탑을 해체·복원하는 과정에서 한 세트의 사리기를 추가로 발견하였다.

서탑 발견 사리기는 3층옥신 윗면에 마련된 장방형長方形의 사리공에서 파손된 채로 발견되었는데, 사리공 내부에 별다른 공양품은 없었으며 사리를 봉안하는 데 사용되었던 것으로 추정되는 작은 약숟가락과 집게가 함께 발견되었다. 이 사리기는 삼중 용기로 구성되었는데, 사리를 담는 용기는 수정병이며 이 병을 기단基壇에 보개寶蓋가 올려진 형

210

태의 내사리기에 넣고 이 사리기를 다시 방추형 뚜껑을 덮은 방형方形
의 금동제외함에 안치하였다. 내사리기 기단부 윗면에는 화염보주를
중심으로 네 구의 주악상이 배치되었으며 주악상들 사이에는 무동舞童
이 장식되었다. 현재 무동과 보개는 파손되어 조각들만 남아 있으며,
외함은 파괴되었던 것을 복원하였다.

**감은사터동탑 사리
외함**
높이 27cm,
국립중앙박물관 소장

동탑의 사리기는 서탑과 같이
3층옥신 윗면에 마련된 장방형
의 사리공에서 발견되었는데, 수
정사리병—내사리기—금동제외
함으로 구성되었다. 수정사리병
은 서탑의 것과 같은 모양이지
만, 형태가 서로 다른 두 개의
뚜껑이 함께 발견되었다. 내사리
기의 기본 형식은 서탑의 것과
동일하나 세부 장식은 다른데,
기단 윗면에는 중앙의 화염보주
주위에 4구의 승상僧像과 사천왕
상四天王像이 놓여 있고, 기단

네 모서리에는 사자가 앉아 있다. 이는 서탑 사리기에는 없었던 것으
로,『묘법연화경妙法蓮華經』에 기록된 부처가 자리하였던 사자좌獅子座
를 상징한 것으로 보인다.

사천왕상은 방위에 따라 난간의 중간에서 바깥을 향하여 창 · 검 · 탑
을 든 자세로 서 있다. 그리고 승상은 사천왕들 사이에 서되 상 하나만
손을 앞에서 펼쳐 오른손에는 무언가를 들고 왼손은 손바닥을 내보이
며 손을 아래로 향하였고, 나머지 3구는 모두 손을 모아 합장한 채 무
언가를 잡고 있는 모양이다. 그 위로는 보개의 일부가 복원되었다.

외함으로 사용된 금동제방형함은 형태와 크기가 서탑과 동일하지만
사천왕의 모습과 주변의 구름무늬 장식, 사천왕 양 옆에 붙어 있는 사
자 장식 손잡이의 세부 형태, 외함의 네 모서리와 뚜껑에 돌려졌던 연

결 장식판에 나타나는 문양이 서탑과는 다르다.

　감은사의 창건이 신라 왕실에서 호국護國의 용이 된 문무왕을 기리기
위해 역점을 두었던 사업인 만큼 사리기 제작도 당시 당唐나라와의 교
류를 통하여 받아들인 새로운 양식을 토대로 만든 선구적인 작품이라
할 수 있다. 아울러 이 사리기는 보장寶帳 형태를 사리기에 채용한 통일
신라 사리기의 독창성을 잘 보여주는 귀중한 예로서, 당시의 건축·조
각·공예 등의 조형성과 금속공
예 기술이 총체적으로 결합된 우
리나라 사리기의 최대 걸작으로
평가된다.

감은사터동탑 사리
내함 부분(위)

감은사터동탑 사리
공(아래)

감은사터동탑 사리외함

지국천持國天 (동)

광목천廣目天 (서)

증장천增長天 (남)

다문천多聞天 (북)

감은사터서탑 사리외함

지국천持國天 (동)

광목천廣目天 (서)

증장천增長天 (남)

다문천多聞天 (북)

44. 칠곡 송림사전탑 사리장엄구

신라의 고찰로 알려진 송림사松林寺에는 통일신라 말~고려 초기의 것으로 추정되는 오층전탑이 남아 있다. 1959년 이 전탑을 해체·수리할 때 2층탑신과 5층옥개석屋蓋石 윗면에서 사리장엄구가 발견되었고, 4층탑신 안에서는 불경을 납입한 흔적이 있는 석함이 발견되었다.

2층탑신 안의 적심석積心石 속에서 발견된 뚜껑을 갖춘 거북 모양의 석함 안에는 방형기단 위에 보개를 올린 보장寶帳 형태의 사리기가 안치되어 있었다. 여러 장의

송림사전탑(위)
2층탑신과 5층옥개석에서 사리공이 발견되었다.

송림사전탑 출토 거북형 석함과 사리공(아래)

장방형 금판을 잇댄 방형 기단 위에 복련覆蓮의 연판蓮瓣을 각각 따로 만들어 못으로 고정하여 돌리고, 기단 내부에는 목판을 넣어 여기에 금판을 못으로 박아 고정시켰다. 기단의 가장자리에 돌려진 난간은 각각 세 칸으로 이루어졌는데, 난간 기둥이 기단 윗면 금판에 박혀 고정되

칠곡 송림사전탑 사리장엄구
통일신라 7세기 후반, 높이 15.3cm, 보물 325호, 경북 칠곡 송림사전탑 출토, 국립대구박물관 소장

었다.

기단 위에는 여섯 개의 금제꽃잎을 못으로 고정하여 연화좌를 만들고 여기에 녹색 유리로 만든 잔과 사리병을 안치하였다. 유리잔은 구연이 살짝 바깥으로 벌어지고 표면에는 유리환琉璃環을 상·중·하단에 각각 네 개씩 엇갈리게 붙여 장식하였다. 잔과 같은 녹색 유리 재질로 만들어진 사리병은 목이 좁고 길며 몸체가 둥근 형태로 보주형寶珠形의 뚜껑이 있다.

난간 안쪽 네 모서리에는 바닥에 구멍을 마련하여 둥근 기둥을 꽂도록 하였고, 기둥 위에 올려진 보개의 네 면에는 금판의 드림 장식을 못으로 고정하였는데 장식의 하단을 톱날과 같이 V자형으로 잘라내고 그 끝에 금제영락瓔珞을 달아 장식하였다. 그 위로는 마름모꼴을 연속적으로 투조한 금판 장식을 비스듬히 위로 향하게 하여 못으로 박고 그 가장자리에 금판 꽃잎 장식을 못으로 달았다. 보개의 윗면은 금판으로, 방형 뚜껑 모양으로 만들어 접었으며 보개 가장자리에 꽃잎을 2단으로 장식하였다.

이 송림사 사리구는 절삭切削과 조금彫金 기법을 위주로 한 사리기

송림사전탑 출토 보장형 사리기 내 녹색 유리사리병·잔

제작 기법과 공양품의 성격으로 미
루어 7세기 후반경의 작품으
로 추정된다. 이 외에 고
려시대에 전탑을 수리하
면서 봉안했을 것으로 판
단되는 고려 상감청자象
嵌青磁 사리합舍利盒이 5층
옥개석 윗면에서 발견되었다.

송림사전탑 출토 청자
사리함(위)

각종 공양품(왼쪽 아래)

금동제수지형장식구
(오른쪽 아래)

　사리기와 함께 발견된 공양품들로 백제
은제관식과 유사한 수지형장식구樹枝形裝飾具와 분황사 사리구의 은제
공양품과 같은 모양의 금제동심원륜金製同心圓輪 한 쌍, 수정절자옥水
晶切子玉 · 관옥管玉 · 곡옥曲玉 등이 있다.
　사리기의 모습이나 공양품들의 구성으로 보아 이 사리구가 통일신라
말에서 고려 초에 건립된 것으로 평가되는 현재의 전탑에 봉안되기 이
전에 다른 탑에 납입되었던 것이 옮겨졌을 가능성도 있다.

45. 경주 황복사터삼층석탑 사리장엄구

황복사터삼층석탑
2층탑신에서 사리공이
발견되었다.

황복사皇福寺는 경주 낭산狼山 동쪽에 위치한 신라 왕실의 원찰願刹로, 현재 국보 37호로 지정된 구황동 삼층석탑이 황복사탑으로 추정되고 있다. 1942년 탑의 해체·복원 때 2층탑신 윗면의 방형 사리공에서 사리장엄구가 발견되었다. 사리를 담았던 녹색 유리사리병이 방형의 금합, 은합, 금동외함金銅外函 순으로 중첩 봉안되어 있었다. 금동외함의 뚜껑에는 이 사리장엄구가 '문무왕의 장자長子인 신문왕神文王과 그 비인 신목왕후神睦王后, 그리고 신문왕의 아들인 효소왕孝昭王 세 사람의 명목을 빌기 위해 장치되었다'는 내용의 명문이 선각되어 있으며, 외함의 측면에는 총 99기의 소탑이 점각點刻으로 그려져 있다. 706년 불사리, 『무구정광대다라니경無垢淨光大陀羅尼經』 1권, 금제아미타상金製阿彌陀像 1구가 납입되었다는 기록에 의해 704년 중국에서 한역된 『무구정광대다라니경』이 곧바로 신라에 영향을 주어 경전이 탑에 안치되고 그에 의거해 사리가 안치되었음을 알려준다.

또한 금동외함 안에서는 사리기 이외에 금제불입상과 좌상, 그리고 금동제고배金銅製高杯 2점과 은제고배 2점, 녹색 유리 편, 녹색 유리구슬 등이 함께 발견되었다. 그 가운데 금제불입상은 삼국시대의 양식이

경주 황복사터삼층석탑 사리장엄구(위)
통일신라 692 · 706년경, 높이 21.8cm(금동외함), 5.6cm(은합),
2.5cm(금합), 경북 경주 구황동 황복사터삼층석탑 출토,
국립중앙박물관 소장

금동외함 뚜껑(아래)

황복사터삼층석탑 출토 금동제고배·은제고배(위)
높이 6.0cm

유리옥류(아래)

금제불입상(옆면 왼쪽)
높이 14.4cm,
국보 80호

금제불좌상(옆면 오른쪽)
높이 12.5cm,
국보 79호

잔존하는 고식이라는 점에서 처음 신문왕을 기려 탑을 건립하기 시작한 692년에 납입된 불상으로 추정되며, 이에 비해 금제불좌상은 신체 비례와 세부 표현이 세련된 통일신라 조각으로의 이행을 시사해주고 있어 신목왕후와 효소왕을 위하여 706년에 납입한 '전금미타상全金彌陀像'으로 추정된다.

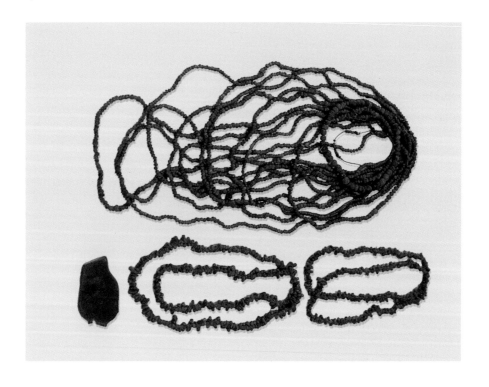

46. 경주 불국사석가탑 사리장엄구

불국사佛國寺는 경덕왕대景德王代의 재상인 김대성金大城이 현세의 부모를 위하여 창건하였다고 알려진 절이다. 불국사의 대웅전大雄殿 뜰 앞에 있는 다보탑多寶塔과 석가탑釋迦塔 가운데 1966년 10월 석가탑의 2층탑신 윗면 방형 사리공에서 다량의 사리장엄구가 발견되었다.

금동사리외함은 네 면에 보상당초寶相唐草무늬가 투조透彫되었으며 방추형方錐形의 뚜껑이 덮여 있다. 이 외함 안에 꽃받침 형태의 사리기 받침을 마련하고 그 위에 이중의 계란형 은제사리합銀製舍利盒을 올려 놓았다. 이 은제합 안에는 목이 짧고 동체가 둥근 녹색 유리사리병이 들어 있었다.

외함 안에는 이 사리기 외에도 향목제사리병香木製舍利甁이 든 금동제장방형합과 은제사리호銀製舍利壺 등의 또 다른 사리기가 함께 납입

경주 불국사석가탑
금동사리외함(왼쪽)
통일신라 751년경,
높이 17.5cm,
경북 경주 불국사석가
탑 출토,
국립중앙박물관·국립
경주박물관 소장

금동사리외함의 내부

불국사석가탑(위)
2층탑신 윗면에서 사리공이 발견되었다.

불국사석가탑 출토『무구정광대다라니경』(아래)

되어 있었는데, 금동외함 안에는 사리기와 함께『무구정광대다라니경』이 들어 있었다. 이『무구정광대다라니경』은 탑의 건립 연대를 사찰이 건립된 751년으로 추정하고 또한 당나라 측천무후則天武后(재위 684~705)의 통치기에 만들어진 한자가 사용된 것으로 보아 현존하는 세계 최고最古의 목판인쇄물로 평가되고 있다. 이 외에도 사리외함 밑에 보자기에 싸인 경전으로 보이는 책이 함께 발견되었으나 보존 상태가 좋지 않아 판독이 불가능하다. 이러한 사리기 외에 목제소탑 12기, 청동비천상青銅飛天像, 구리거울〔동경銅鏡〕 2점, 곡옥, 각종 구슬 등 갖가지 공양품이 함께 납입되었다.

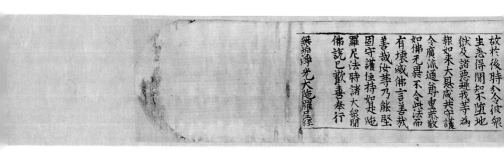

불국사석가탑 출토 은제유개내합(위)
높이 11.5cm

은제사리호(아래)

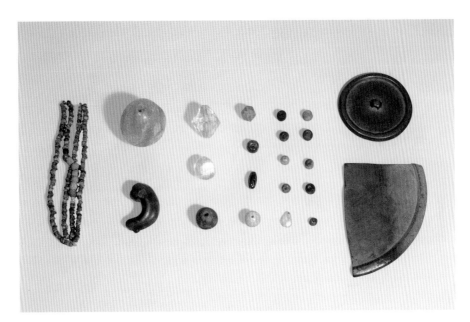

불국사석가탑 출토 각종 공양품(위)

금동제장방형사리합, 향목사리병(아래)
높이 6.8cm(사리합)

47. 경주 나원리오층석탑 사리장엄구

경주 나원리오층석
탑 금동제방형사리함
통일신라 8세기,
금동제방형사리함 높이
15.2cm, 폭 15.6cm,
경북 경주 나원리오층
석탑 출토,
국립중앙박물관 소장

국보 39호인 경주 나원리오층석탑羅原里五層石塔은 장중한 모습의 통
일신라시대 석탑으로 1996년 해체·보수 공사 중 사리구가 발견되었
다. 오층석탑이 세워져 있는 나원리절터에서는 탑 외에 약간의 건축 석
재가 전해지고 있으나 절의 옛 명칭은 알 수 없다.

탑의 3층옥개석 윗면의 방형 사리공 중앙에서 발견된 금동제방형사
리함은 외면에 사천왕을 선조線彫로 새겨넣었는데 탑의 방위와 사천왕
이 놓여진 방위가 일치하도록 장치되었다. 사리함 안에는 내사리기內舍
利器가 별도로 마련되지 않았으며, 금동제여래입상의 대좌臺座 밑 오목
한 부분에 사리(15과)가 안치되었던 것으로 보인다. 불상은 금동제삼층

229

소탑의 기단 내부에 놓여 있었으며, 이 외에 금동제 구층소탑 3기를 비롯하여 다수의 목제소탑 편, 구슬 4점, 가공된 납석 편이 발견되었다. 이러한 각종 사리장엄구와 함께 사리함 내면의 서·남·동쪽의 삼면에 붙었던 것으로 보이는 한지韓紙에 먹으로 쓴 『무구정광대다라니경』의 조각들이 수습되었다.

나원리탑 출토 금동소탑과 금동여래입상(위)

나원리오층석탑(아래)
3층옥개석 윗면에서 사리공이 발견되었다.

1 나원리오층석탑 금동제방형사리함의 동면

2 금동제방형사리함의 서면

3 금동제방형사리함의 남면

4 금동제방형사리함의 북면

5 금동제방형사리함의 뚜껑

48. 익산 왕궁리오층석탑 사리장엄구

1965년 전라북도 익산에 위치한 보물 44호 왕궁
리오층석탑을 해체 · 수리하던 중 1층옥개석 윗면
중앙의 적심부에 있는 방형석方形石과 찰주刹柱 하
부의 방형 심초석에서 각각 사리장치가 발견되었다.

1층옥개석에는 방형 사리공을 나란히 두 개 마련
하였는데, 동쪽 사리공에는 부처의 유골인 진신사
리眞身舍利를 봉안하기 위한 녹색 유리사리병—금
제방합—금동제외함이, 서쪽 사리공에는 부처의 말
씀인 법신사리法身舍利 봉안을 뜻하는 금제금강경
판金製金剛經板 19매—금동제장방형합—금동제외

함이 겹겹이 들어 있었다. 벽에 회칠이 된 사리공 안에는 유리
구슬로 엮은 받침과 그 위에 외함이 놓여 있었는데, 외함의 겉
에는 붉은 칠이 되어 있고 안은 도금되었다.

또한 목탑의 심초석에 해당되는 방형석에 마련된 사리공은
품품자형으로 되어 있고, 동쪽 사리공에서는 금동여래입상
과 동제방울이, 북쪽 사리공에서는 향으로 보이는 물질과
철편鐵片이 발견되었으며, 서쪽 사리공은 비어 있었다.

이 사리장엄구의 경우도 진신사리와 법신사리가
동일한 사리 개념으로 봉안되어 있어 당시 사리
신앙의 구체적인 양상을 살펴볼 수 있다.

익산 왕궁리오층석탑
사리장엄구(옆면 위)
통일신라 8~9세기,
높이 10.3cm(금제방형
사리합), 국보 123호,
전북 익산 왕궁리오층
석탑 출토,
국립전주박물관 소장

왕궁리오층석탑(옆면
아래)
1층옥개석과 기단부 두
곳에서 사리공이 발견
되었다.

왕궁리오층석탑 출토
녹색 유리사리병(위)
높이 6.8cm

왕궁리오층석탑 기단
부 심초석 · 사리공
(아래)

왕궁리오층석탑 출토
금제금강경판·내외
함(위)

금동제여래입상(아래)
높이 17.4cm

금제금강경판 (옆면)
크기 17.4×14.8 cm

234

235

49. 구미 도리사석종부도 금동제육각당형사리기

1977년 경북 구미 도리사桃李寺에 있는 '세존사리탑世尊舍利塔'의 명
문이 새겨져 있는 석종형石鐘形 부도浮屠에서 금동제육각당형사리기金
銅製六角堂形舍利器가 발견되었다. 부도 밑의 육각형 사리공 안에서 금
동제육각당형사리기와 백자 편들이 함께 발견되었으며, 금동제사리기
안에는 사리병 없이 사리를 쌌던 천과 종이들이 뒤엉켜 있었다. 사리기

는 육각통 하단에 안상眼象이 뚫린 기단을 부착한 형태가 하나로 주조
되었고 표면을 도금한 후 그 위 각 면에 범천梵天·제석천帝釋天과 사
천왕四天王을 1구씩 선각하였으며, 귀꽃 장식이 있는 육각형의 옥개를
사리기의 뚜껑으로 사용하였다.

이 사리기는 조선시대의 석종형 부도에서 발견되었으나『도리사사적
기桃李寺事蹟記』「냉산冷山」조條에 실린 내용에 의하면, 석적사石積寺
라는 오래된 절터로부터 불사리탑을 옮겨온 사실을 알 수 있어 통일신
라시대의 사리기가 후대인 조선시대 부도로 옮겨 안치된 것으로 추정
된다.

도리사석종부도
ⓒ 김성철

238

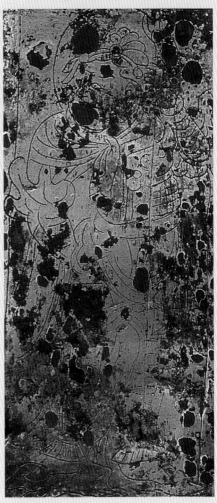

도리사석종부도 출토 금동제육각당형사리기 사천왕상

50. 대구 동화사 비로암삼층석탑 사리장엄구

신라 44대 민애왕閔哀王을 추모하여 건립한 대구 동화사桐華寺 비로암毘盧庵삼층석탑에 봉안되었던 사리기이다. 1966년에 도난당했다가 금동제사방불판金銅製四方佛板은 압수되어 국립중앙박물관에 소장되었고, 사방불판 내부에 안치되었던 납석제사리호는 동국대학교박물관에 각각 나뉘어 소장되어 있다.

네 매로 이루어진 금동제사방불판은 양 옆에 각각 네 개의 구멍을 뚫어 이를 함函 모양으로 연결하였던 것으로 보인다. 선각과 얕은 타출打出 기법으로 금동판에 사방불을 장식하였는데, 각기 연화대좌蓮華臺座 위에 결가부좌結跏趺坐한 여래如來를 중심으로 양 옆에 합장한 보살입상菩薩立像이 배치된 삼존三尊 형식이다. 여래의 대좌와 옷을 입은 모습은 약간씩 다르며 방위에 따라 수인手印도 다르고, 보살상의 장신구에서도 약간의 변화를 보인다. 방위별로는 동쪽에 약사삼존불藥師三尊佛, 서쪽에 아미타阿彌陀삼존불, 남쪽에는 석가釋迦삼존불, 북쪽에는 비로자나毘盧遮那삼존불을 배치하였으며, 금동판들을 함처럼 연결하여 사리공 안에 넣은 후 함과 사리공 벽 사이에 송진을 메워 고정하였던 것으로 보인다. 이러한 흔적은 도금이 안된 뒷면에서 발견할 수 있다. 따라서 이 사방불은 안쪽을 향해 배치되었을 것이며 그 안에 납석제사리호가 놓였던 것으로 보인다. 이 함의 밑판은 탑의 해체·복원 때 발견

동화사 비로암삼층석탑(위)
1층탑신에서 사리공이 발견되었다.

동화사 비로암삼층석탑 출토 납석제사리호(아래)
높이 8.5cm,
동국대학교박물관 소장

되었다.

금동판 안에 안치되었던 납석제사리호는 도난시에 파손되었고 뚜껑
도 결실되었다. 표면에 검은 칠을 하고 여기에 정간井間을 그어 글씨를
새겼는데, 민애대왕에 관한 소개와 함통咸通 4년(863년) 경문왕景文王이
민애대왕敏哀大王을 위하여 탑을 건립한 내용과 참여한 사람들의 이름
을 기록하였다. 1967년 탑의 해체·복원 공사 중에 사리공 내부에서 사
리기를 안치했던 흔적과 함께 소형 도금목탑 3기가 발견되었다.

대구 동화사 비로암
삼층석탑 출토 금동
제사방물판
통일신라 863년,
크기 15.3×14.2cm,
대구 동화사 비로암삼
층석탑 출토,
국립대구박물관 소장

241

51. 평창 월정사팔각구층석탑 사리장엄구

고려 다층다각석탑의 특징을 보여주는 국보 48호 월정사팔
각구층석탑月精寺八角九層石塔은 오랜 세월을 지나며 점차 기
울어 1970년에 해체·복원되었는데, 이때 탑의 1층과 5층에
서 사리구가 발견되었다. 5층옥개석에 마련된 길이 13.2~
14.2cm·폭 16cm·깊이 16cm의 방형 사리공에 10세기경
의 작품으로 추정되는 은제도금여래입상이, 1층탑신의 지
름 32cm·깊이 19cm의 원형 사리공에서는 비단보자기에
싸인 사리구가 발견되었다. 보자기 안에는 네 매의 구리거
울로 밑면과 주변을 감싼 동합이 들어 있었고, 동합 안에는
은제사리합과 금동제방형향합, 사각자수향낭이, 은제사리합
안에는 담홍색 사리 14알이 든 호리병 모양의 수정사리병과
『전신사리경全身舍利經』 두루마리 등이 봉안되어 있었다.

평창 월정사팔각구층석탑 사리장엄구 일괄(옆면 위)
고려 10세기, 강원도 평창 월정사팔각구층석탑 출토,
강원도 월정사성보박물관 소장

월정사팔각구층석탑 출토 은제여래입상(옆면 아래)

월정사팔각구층석탑 사리장엄구

1 동합 지름 18.3cm
2 은합 지름 8.9cm
3 사각수라향낭 크기 15.3×6.9cm
4 주색보
5 수정사리병 높이 5.4cm

1	2
3	4
5	

243

『전신사리경』은 중국 오대五代에 유행하여 우리나라에 영향을 준 경전으로, 통일신라시대에 탑 안에 봉안되던 『무구정광대다라니경』을 대체하여 고려시대부터 탑 안에 사리구와 함께 봉안되기 시작하였다.

또한 탑 앞에 꿇어앉아 공양하는 듯한 독특한 모습의 석조보살상은 고려시대에 강원도 지역에서 볼 수 있는 지역적 특색을 지닌 고려 초기의 작품이다. 사리장엄구도 탑 건립과 동일한 시기인 고려 초기의 작품으로 추정된다.

월정사팔각구층석탑
(위)
1층탑신과 5층옥개석 두 곳에서 사리공이 발견되었다.

월정사팔각구층석탑 출토 금동제방형향합
(아래)
높이 4.4cm

52. 이성계 발원 사리장엄구

태조 이성계李成桂가 조선을 건국하기 직전인 1390년과 1391년에 발원하여 봉안한 사리기이다. 이 사리기는 일제강점기에 발굴한 것으로 전해지며, 금강산 월출봉月出峰에서 발견하였다고 알려져 있지만 어느 사찰과 관련되었는지에 대한 상세한 정보는 알 수 없다. 사리기는 석함에 안치되어 있었다고 전해지나 현재는 백자외합, 백자발, 청동발, 은제도금사리외용기, 은제도금사리내용기, 유리제사리기로 중첩되었던 사리기 세트와 백자향로, 귀이개 형태의 은제순가락이 남아 있다. 뚜껑을 갖춘 백자사리외합에 사리기 세트가 들어 있었던 것으로 추정되며

이성계 발원 사리장엄구
고려 1390 · 1391년,
높이 12cm(백자향로),
15.5cm(은제도금라마탑형사리기), 19.8cm(은제도금 팔 각 당 형 사 리 기),
11.9cm(청동발),
금강산 월출봉 출토,
국립춘천박물관 소장

245

외합 내면과 백자발 외면, 청동발 외면의 구연부, 팔각당형 사리기 내부에 있던 은제팔각통, 라마탑형 사리기 내부에 마련된 은제원통형좌대보조구에 각각 명문이 음각되어 있어 이 사리기의 제작에 이성계를 비롯한 당시 주요 인사들이 얼마나 정성을 쏟았는지 알 수 있다.

고려 말 조선 초기에 봉안된 사리기 중에는 이러한 육각당 또는 팔각당이나 라마탑 모양을 사리기에 이용한 것이 자주 발견된다. 고려 후기에는 정치적으로나 문화적으로 중국 원나라와의 관계가 긴밀해지면서 원에서 유행된 라마 불교가 불상과 사리기 등 고려 불교 미술품에도 영향을 주었으며 라마탑 형태의 사리기는 그 대표적인 예라고 하겠다.

사리기에 새겨진 명문에는 당시 문하시중門下侍中이었던 이성계와 많은 수의 인물들이 함께 발원자로 기록되어 있어 조선 건국 직전에 이성계를 중심으로 새로운 왕조 건립을 기원한 시대 상황을 잘 반영하고 있다.

53. 보은 법주사팔상전 사리장엄구

보은 법주사팔상전 사리장엄구(오른쪽)
조선 1605년,
동제방형탑지 21.2×
15cm, 은제사리호 높
이 4cm, 금동제받침
지름 7.5cm,
충북 보은 법주사 팔상
전 출토,
동국대학교박물관 소장

법주사팔상전(아래)
심초석 윗면에서 사리
공이 발견되었다.

충청북도 보은 법주사法住寺 경내에 있는 국보 55호 팔상전八相殿에서 발견된 사리장엄구이다. 팔상전은 정유재란丁酉再亂 당시 화재로 파괴되었던 것을 선조宣祖 38년(1605년)에 재건하여 인조仁祖 4년(1626)에 완성한 것으로, 현재 우리나라에 남아 있는 유일한 목조탑이다.

1968년 해체·복원 공사 중에 심초석 윗면에 마련된 사리공에서 사리기 두 세트가 발견되었다. 청동합과 파손된 사리병 등은 아마도 팔상전 재건 이전에 봉안되었던 구舊 사리기로 생각되고, 비단보자기와 대리석제합, 은제사리호, 금동제받침으로 구성된 사리기 세트는 재건하면서 새로 봉안된 것으로 여겨진다. 은제사리호와 금동제받침에는 연화당초무늬와 칠보무늬가 시문되었다.

이 사리장엄은 청동판 다섯 매로 구성된 사리외함 안에 보관되었는데, 청동판에는 탑의 중건重建에 관한 내용과 시주자 명단이 적혀 있어 탑지塔誌 역할을 한 것을 알 수 있다.

54. 남양주 봉인사석가세존부도 사리장엄구

봉인사석가세존부도奉印寺釋迦世尊浮屠는 일제강점기에 경기도 양주 봉인사에서 일본으로 유출되었다가 1987년 우리나라로 반환되어 현재 국립중앙박물관 뜰에 이전되어 있다.

석가세존의 진신사리를 모셨으나 탑의 형태가 아닌, 일반적으로 승려의 사리를 모시는 부도에 안치된 점이 특이하다. 부도 내부 사리공에서 감색 비단보자기로 싸여진 여덟 겹으로 중첩된 사리기가 발견되었는데, 보자기에 필사된 글과 은제합에 쓰여진 명문에 의하면 왕실에서 발원하여 봉안된 것이다. 여섯 개의 내합은 은제와 유제합이고, 가장 바깥의 합만 대리석제인데 뚜껑은 결실되었다.

은제합의 뚜껑은 능화菱花무늬 안에 용이 시문되어 있고, 합의 바닥에는 1620년 국왕 광해군光海君의 왕세자에 대한 수복창성壽福昌盛을 기원하는 발원문과 연기年紀가 있으며, 이는 석가세존부도탑비의 탑 제작 연대와 일치한다.

남양주 봉인사석가세존부도 사리장엄구
(왼쪽)
조선 1620년 · 1759년, 높이 4.5cm(은제사리합), 1.83cm(수정제사리호), 보물 928호, 경기도 남양주 봉인사석가세존부도 출토, 국립중앙박물관 소장

봉인사석가세존부도
(아래)

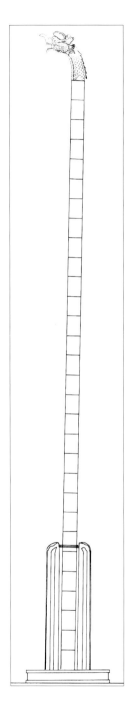

55. 영주 출토 금동제용두

경북 영주榮州에서 발견된 이 용두龍頭는 보당寶幢에 번幡을 매달 때 줄을 오르내리도록 하는 도르래 역할과, 당간幢竿 꼭대기에 올려 보당을 장식하는 두 가지 기능을 겸하였던 것으로 보인다.

청동으로 주조된 용은 입 안 가득히 여의주를 물고 있는데, 여의주 뒤로 줄을 거는 도르래가 감추어져 있다. 도르래에 걸린 줄이 용의 턱 아래 뚫린 구멍으로 내려져 번을 쉽게 올리고 내릴 수 있게 고안되었다. 용은 얼굴을 들어 눈을 동그랗게 뜨고 정면을 응시하고 있으며, 얼굴 주위의 갈기는 바람에 휘날리듯 뒤로 굽이쳐 날리고 있다. 갈기와 비늘이 선각되어 있으며 표면은 다시 도금으로 장식하였다. 현재 전해져 내려오는 다른 보당의 추정 높이가 20m에 육박하니 당시 이 용두도 그만한 높이에 올려져 금빛을 내며 깃발을 휘날리는 장관을 이루었을 것이다.

금동제용두(오른쪽)
통일신라 8세기, 높이 65cm, 경북 영주 출토, 국립대구박물관 소장

참고 도면. 용두사龍頭寺의 철당간을 30절목節目으로 복원하고 그 위에 금동용두를 삽입하였다.
*출천 : 강우방, 『원융과 조화』, 열화당, 1990.

56. 청동제용두보당

절에서 사찰의 영역을 표시하거나 장엄·의식용으로 거는 깃발을 당幢 또는 당번幢幡이라 부르며, 이것을 거는 시설은 당·보당·법당法幢이라고 부른다. 현재 사찰 입구나 뜰에 보당을 세우기 위한 석조 당간지주가 곳곳에 남아 있고 보당 꼭대기에 올려져 장식되었던 용두가 경북 영주에서 발견된 바 있다. 아울러 청주와 공주에는 지주석 사이에 서 있는 철당간이 남아 있어, 과거 사찰에 세워졌을 20미터에 달하는 거대한 보당의 모습을 간접적으로 상상해볼 수 있다.

이 청동제용두보당은 용두와 당간지주의 부분이 하나로 이루어진 보당의 옛 모습을 그대로 보여준다. 상·중·하대를 갖춘 방형의 기단 위에 당간지주가 서 있고, 지주 사이에 용두와 일곱 마디로 구성된 당간이 높이 서 있도록 만들어졌다. 법당과 같은 사찰 건물 안에도 소형 번을 걸어 장식할 수 있도록 고려시대 거대한 보당의 모습을 1미터 남짓한 소형 미니어처로 축소하여 제작한 것이다.

참고. 황룡사 당간지주석
황룡사 앞에 긴 당간을 세우기 위해 설치되었던 당간지주석으로, 지주석 사이에 돌거북이 당간을 받치도록 고안되었다.

청동제용두보당(오른쪽)
고려 10~11세기, 높이 104.3cm, 국보 136호, 호암미술관 소장

청동제용두보당 부분(왼쪽)

남아 있는 풍탁風鐸 가운데 비교적 큰 예에 속하며 탑과 같은 목조물의 건물 끝에 달렸던 풍탁으로 짐작된다. 전면을 도금하여 매우 화려하게 꾸몄지만, 원형의 고리와 유乳가 배치되는 방형곽, 그리고 당좌撞座부분에는 도금이 많이 탈락되었다. 전체적으로 상부가 좁고 아래로 가면서 넓게 퍼지다 구연 쪽이 다시 좁아지는 모습이 범종의 외형과 유사하다.

금동풍탁
고려 10세기,
높이 37.2cm,
호암미술관 소장

몸체의 정상부에는 둥근 고리를 두고 고리 아래로 상대처럼 띠를 두른 뒤, 이곳과 몸체 중단까지 방형의 구획을 사면에 두어 그 안에 작은 돌기〔유乳〕를 아홉 개씩 장식하고 여백에는 어자무늬를 장식하였다. 몸체의 구연부는 4릉의 굴곡을 이루고 이곳에 하대처럼 띠를 둘렀으며, 이 하대는 몸체 양단에 길게 내려진 종대縱帶와 연결되었다. 몸체 중앙에 커다랗게 앞뒤로 배치된 당좌를 살펴보면 원형 당좌구 중앙에 하나의 작은 돌기를 시문하고, 그 주위에 판심瓣心이 장식된 12엽의 연판무늬를 둘렀다. 상부 네 곳에 장식된 방형곽과 아홉 개씩의 돌출된 유乳의 표현, 그리고 필요 없이 크게 배치된 당좌를 통해 범종의 형태를 충실히 모방한 점이 주목된다.

통일신라의 전형적인 범종 형태의 풍탁이 고려시대의 사각형 풍탁으로 바뀌어가는 과도기적 양상을 보여주는 작품이라는 점에서 고려의 이른 시기에 제작된 것으로 짐작된다. 아울러 풍탁의 크기와 확대된 당좌의 형태로 미루어 어느 한곳에 걸고 칠 수 있도록 만들어진 범음구의 일종으로 볼 수 있는 독특한 의장을 지니고 있다.

58. 금동대탑

금동대탑
고려 10~11세기,
높이 155cm,
국보 213호,
호암미술관 소장

호암미술관 소장의 금동대탑金銅大塔은 고려시대에 전각殿閣 내부에 안치되었던 것으로 추정되는 미니어처 형식의 금속제탑으로, 당시의 목조 건축을 그대로 재현한 정교함이 특징적이다.

이 금동대탑은 높이 155cm에 이르는 5층탑으로 이루어져, 청동으로 주조한 뒤 그 위에 도금을 입혀 더욱 화려한 모습을 하고 있다. 2중 기단의 상층에는 난간을 두르고 한쪽에 계단을 두었으며, 초층탑신은 주심포柱心包 양식이고 문과 창호의 표현이나 처마 밑에 달린 풍탁의 모습까지 세밀하게 표현하였다. 지붕 마루에는 잡상雜像이 조각되었고 특히 5층옥개의 한쪽 면에 용머리가 남아 있는 점으로 미루어 원래 마루 끝마다 용두가 있었으나 부러져 결실된 것으로 추정된다. 2층탑신부터 5층탑신의 각 면마다 불좌상을 부조로 장식하였는데 2층은 4구, 3층과 4층은 3구씩을 배치하였고 맨 위의 5층탑신에만 2구를 두어 그 수를 규모에 맞게 줄여나갔다.

상륜부相輪部에는 현재 노반露盤과 복발覆鉢, 앙화仰花, 보주寶珠 등이 잘 남아 있다. 고려시대 금속공예 기술의 정교함과 더불어 초기 목조 건축의 양상을 살펴볼 수 있는 자료라는 점에서 더없이 귀중한 예이다.

59. 청동다층소탑

방형의 기단 한쪽에 계단을 올리고 그 위로 높이를 조금씩 줄여나간 11층의 청동소탑이다. 단층으로 이루어진 기단은 상·중·하대로 구성되었고 여기에 안상眼像과 난간을 장식하였다. 초층탑신은 각 면이 세 칸으로 되어 있으며 좌우 칸에는 빗살 형태의 창호窓戶를 투각 장식하였다. 각 모서리에는 사천왕상을 부착하였다. 기둥 위에 두공이 표현되었고 지붕 위의 낙수면에는 기왓골이, 지붕 끝단에는 용두를 장식하는 등 목조 건물의 구조를 충실히 표현하고 있다. 1층탑신 한쪽 면에 있는 난간과 연결되어 기단 하대까지 이어지도록 계단을 설치하였다. 2층부터 11층까지는 1층과 동일한 모습이지만 보다 간략하게 표현되었고 규모를 적절히 축소시켜나가 안정감을 주었다. 상륜부에는 노반·복발·앙화·보륜寶輪·보개·수련水烟·용차龍車·보주가 순서대로 원형을 유지하고 있어 고려시대 상륜부 연구에 귀중한 자료가 된다. 이러한 청동다층소탑은 고려시대에 많은 수가 제작되었는데 크기가 작은 경우 탑 안에 봉안된 사리장엄의 일부로 여겨지지만, 비교적 크기가 큰 작품의 경우에는 건물 내부에 두고 사용된 불구佛具의 역할을 하며, 일부는 일본에 있는 예와 같이 불전佛殿 안에 두는 사리탑의 역할도 함께 한 것이 아닐까 추측된다.

청동다층소탑(왼쪽)
고려, 높이 74.5cm, 국립대구박물관 소장

청동다층소탑 부분(오른쪽)

Ⅳ. 신앙생활 용구

삼국시대에 불교가 전래된 후 전국 도처에 사찰이 건립되었고, 각계각층 백성들의 정신 세계에서 가장 중요한 한 부분을 불교가 차지하게되었다. 사찰마다 탑塔과 금당金堂이 세워지고 그 내부에는 사리와 불상이 안치되었다. 모든 백성이 사찰을 중심으로 한 여러 가지 불교 의식에 참여하였고 또한 신앙의 깊이도 더해갔다. 비록 조선시대에 이르러 억불숭유抑佛崇儒 정책에 따라 국가가 불교를 장려하지는 않았지만, 오랫동안 내면 깊숙이 파고든 불교는 개개인의 신앙생활에 다양한 자취를 남기고 있다.

그에 따라 불가佛家에 소속된 승려이든 속세에 몸담은 속인이든 부처와 보살 또는 불교의 수호신인 천왕天王 등의 존상尊像을 신앙하거나또는 불교의 교리를 적은 경전을 독송하였다. 불상과 경전은 불당佛堂과 경각經閣에 봉안되었는데, 불상은 안치될 불당의 규모에 따라 대소의 차이를 보인다. 불당의 규모가 큰 경우 불상은 수미단須彌壇과 천개天蓋로 장엄된 보좌寶座에 안치되며, 규모가 작은 경우에는 작은 감실龕室 또는 소형 불당을 공예적으로 제작하여 그 안에 안치하기도 하였다.

아울러 사찰 등에 봉안하기 위한 불상 외에 개인 처소에 별도로 모시거나 몸 가까이에 지니고 다니며 늘 생활 속에서 신실한 믿음을 지속할수 있도록 작은 규모의 개인용 신앙생활 용구도 제작되었다. 그중 대표적인 개인 신앙생활 용구로 경상鏡像, 호지불護持佛, 호지용 경전經典과 경갑經匣(또는 경통經筒)을 들 수 있다. 이런 개인 신앙생활 용구는 자신의 복을 기원하는 기복적祈福的인 성격의 존상이나 경전이 주를 이룬다. 예를 들어 누구라도 부처에 귀의하면 각자의 처한 상황에 맞게 몸을 변화하여(화신化身) 도움을 주는 관음보살觀音菩薩이 가장 널리 신앙되던 대상이었다. 또한 경전의 경우에도 주술적인 내용을 담고 있는 다라니 계통의 소형 경전이 다수를 차지하고 있다. 이는 삼국시대에는 불교가 왕실과 국가를 중심으로 호국불교적 성격을 강하게 띠었으나, 통일신라시대를 거쳐 민간으로까지 퍼져나가면서 기복적인 성향이 더욱 강조된 결과라고 하겠다.

경상

경상鏡像이란 구리거울의 앞면을 이용하여 선각線刻하거나 또는 먹을 사용하여 불교적인 여러 상을 표현한 것을 가리킨다. 처음에는 실제로 사용되었던 구리거울의 비춰지는 면에 간략한 도상圖像을 장식하다가 점차 경상의 목적으로 별도로 만들어진 얇은 동판에 불·보살상이나 사천왕상四天王像, 보탑寶塔 등을 새겨넣었다. 형태도 점차 다양해져 원형·방형·장방형뿐 아니라 삼각형·하트형·종형鐘形·배형〔주형舟形〕 등으로 만들어졌다. 대부분의 고려 경상은 상단부 중앙이나 외곽의 언저리 네 곳에 작은 구멍이 뚫려 있는데, 이 구멍을 통해 몸에 지니고 다니던 호지불이거나 또는 어느 곳에 특별히 고정시켜 예배 혹은 장식용으로 사용하였을 것으로 짐작할 수 있다.

고려시대 경상은 주로 금강령이나 금강저 등과 마찬가지로 13~14세기에 집중적으로 제작되었다고 추정되는데, 비로자나삼존불毘盧遮那三

尊佛이 새겨진 한 점을 제외하고 대부분 관음상觀音像과 사천왕이 새겨져 있으며, 그 가운데 특히 북방의 비사문천왕毘沙門天王이 주로 새겨진 점이 주목된다. 관음상의 경우 버들가지를 든 양류관음楊柳觀音이 일부 보이지만 대부분이 무릎을 세우고 팔을 걸쳐 편안히 앉아 있는 모습의 윤왕좌형輪王坐形 수월관음水月觀音으로 표현된다. 이들은 특히 재난을 구제하는 목적으로 특별히 신앙되어 쇄수관음灑水觀音으로 불렸다. 쇄수관음이 경상의 도상으로 자주 등장하는 것은 당시의 혼란했던 시대적 상황을 잘 말해주는 현상이다. 또한 희소하나마 밀교적 도상인 준제관음상准提觀音像과 공작을 타고 있는 공작명왕상孔雀明王像도 확인된다. 아울러 사천왕상 가운데 유독 북방北方을 수호하는 비사문천왕만이 관음상과 함께 한 조를 이루며 경상의 앞뒤 면에 새겨지는 것도 당시에 유행한 독특한 신앙적 의궤儀軌임을 살펴볼 수 있다. 이처럼 고려 후기의 경상은 비록 그 예는 많지 않지만 고려 말 불교의 사상이나 교리적 측면, 그리고 도상의 변화 등을 파악해볼 수 있는 흥미로운 자료이다.

그러나 조선시대에 들어오면서 그 예가 갑자기 사라지게 된 것은 고려 말 원元나라 왕실을 통해 들어왔던 밀교적 성향이 왕조의 교체에 따라 소멸되는 것과 관련지어 볼 수 있겠다.

60. 청동삼존·보탑무늬방형경상

**청동삼존·보탑무늬
방형경상 앞면**
고려 13~14세기,
크기 16.5×13.5cm,
국립춘천박물관 소장

**청동삼존·보탑무늬
방형경상 뒷면**(아래)

방형으로 된 경상鏡像으로, 한 면에는 아미타삼존상을 새기고 반대면에 9층의 보탑寶塔을 새겼다. 경면鏡面의 상단 중앙부에 작은 구멍이 한 개 뚫려 있는 것으로 보아 어딘가에 부착시켰던 것으로 추정된다. 앞면의 삼존상을 살펴보면 연화대좌蓮花臺座 위에 앉아 손의 모양[수인手印]을 아미타구품인阿彌陀九品印 가운데 중품하생인中品下生印을 취한 본존을 중앙에 커다랗게 배치하고, 그 좌우에 본존상을 향한 채 몸을 틀어 합장한 모습의 보살입상을 그보다 작게 묘사하였다. 본존은 원형 두광頭光과 신광身光을 두른 반면 보살상에는 두광만 표현되었다. 본존불은 나발螺髮과 중앙 계주髻珠가 표현되고 통견通肩의 법의法衣를 걸친 전형적인 고려 후기 불상 양식을 따르고 있으며, 가슴 앞에는 만卍자무늬가 표시되었다. 화려한 보관을 쓰고 있는 보살입상은 허리를 살짝 트는 삼곡三曲 자세를 취한 채 연화좌를 밟고 있다. 이 삼존상은 선각 기법 중 축조鏃彫를 이용한 끌의 형상이 분명히 드러나고 있는 반면,

뒷면에 새겨진 9층 보탑은 마멸이 심해 정확한 표현 기법을 추정하기 힘들다. 높이를 줄여나간 탑에는 처마 끝단에 풍탁風鐸이 달려 있고, 목탑을 묘사한 듯 기왓골과 상륜까지 세밀하게 선각했다. 삼존상과 보탑이 선각된 예로는 경남 하동河東 부춘리副春理 출토의 손잡이 달린 원형 경상이 있는데, 부춘리 경상에는 비로자나삼존과 보탑을 시문하였다. 이 작품은 경상이 주로 제작되는 13~14세기보다 조금 앞선 시기에 제작된 것으로 보인다.

61. 청동관음 · 공작명왕선각경상

경상의 아랫부분은 직선을 이루고, 타원형의 상부 중앙 부분은 볼록
하게 솟아오른 굴곡으로 처리하였다. 솟아난 가운데 부분에 작은 구멍
을 뚫었다. 경상의 앞부분에 관음상을 새기고 뒷부분에 공작을 타고 있
는 공작명왕상孔雀明王像을 배치한 독특한 도상으로, 주목할 만한 작품
이다.

대나무를 배경으로 한쪽 무릎을 세우고 반가半跏를 한 윤왕좌의 관음
상은 오른손을 무릎 위에 올려놓고 버들가지를 쥔 모습으로 보아 수월
관음을 묘사한 것 같다. 이 보살상이 앉아 있는 방사선형의 털방석 아
래에는 물결치는 바다와 범선帆船이 묘사되었는데, 보살상의 왼편에 놓
인 정병淨甁에서 빛줄기가 구름처럼 피어올라 바다 한가운데로 뻗치고,
그 안에는 구름을 타거나 표류하는 인물 등 갖가지 재난과
구제에 관련된 장면들이 크고 작게 선각되었다. 뒷

면에는 연화좌 위에 날개를 활짝 펴고 선 공작을
타고 있는 동자상童子像을 묘사하였는데 오른
손에는 칼, 왼손에는 경책經冊을 들고 있어 공
작명왕상임을 알 수 있다. 우리나라에서 공작
명왕이 새겨진 예는 극히 드물어 범종 한 점과
장신구 정도가 알려져 있을 뿐이다. 이처럼 수
월관음과 공작명왕을 함께 배치한 것에서 당
시 불교의 교리적 측면이나 배경을 파악해볼
수 있는 매우 흥미로운 자료라고 할 수 있다.

62. 청동제보탑·용두보당무늬판

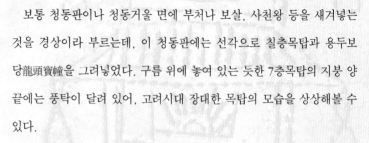

보통 청동판이나 청동거울 면에 부처나 보살, 사천왕 등을 새겨넣는 것을 경상이라 부르는데, 이 청동판에는 선각으로 칠층목탑과 용두보당龍頭寶幢을 그려넣었다. 구름 위에 놓여 있는 듯한 7층목탑의 지붕 양 끝에는 풍탁이 달려 있어, 고려시대 장대한 목탑의 모습을 상상해볼 수 있다.

탑 옆에 선 용두보당은 탑보다 약간 앞선 곳에 높다랗게 서 있는데, 보당의 당번幢幡은 내려져 보이지 않지만, 용의 턱 밑에서 내려온 쇠사슬은 다음 의식이 거행될 때까지 보당의 주위에 감겨 정돈되어 있다. 고려시대 사찰 앞에 서 있는 보당의 일상적인 모습을 묘사한 것으로 보인다.

탑 우측에 '정□영충공양자계사사월일근기槙□永充供養者癸巳四月日謹記'라는 음각 명문을 새겨넣었는데, 이 판의 제작 연대인 계사癸巳년은 1233년으로 추정된다. 청동판 네 모서리에는 작은 구멍이 뚫려 있어 어느 곳에 못을 박아 부착하여 사용된 것으로 추정된다.

청동제보탑·용두보당무늬판
고려, 크기 26×11cm, 국립중앙박물관 소장

63. 은제호신불감

몸에 지니고 다니며 예불할 수 있도록 만든 휴대용 불감이다. 윗부분은 지붕을 간략화하여 경사면으로 처리하였으며, 불감의 앞면에는 당초무늬를 점선으로 장식하고 뒷면에는 범자를 새겨넣었다.

불감에 들어 있는 관음보살상과 비사문천은 모두 개인의 어려움을 도와주는 기복적인 신앙의 대상으로, 중국 당唐나라 말기 이후 북쪽을 지키는 비사문천왕에 대한 신앙이 유행하면서 관음보살과 비사문천이 호신불이나 경상으로 각각 또는 함께 만들어졌다. 관음보살과 비사문천이 하나의 면에 고부조高浮彫로 조각되어 불감의 밑부분에 고정되었으나, 불감의 하단을 잡아당기면 상이 불감에서 빠져 나올 수 있도록 장치하였다. 두 상이 서 있는 공간을 나누어주기 위해 얼굴 주변의 불감 면을 꽃 모양으로 파내었으며, 그 위에 덮이는 불감의 뚜껑은 은판으로 만들어 불감에 끼울 수 있도록 하였다.

이 불감은 고려 1156년에 장사를 치른 남원군부인南原郡夫人 양씨梁氏의 석관에서 발견되었다고 전해져 제작 연대를 알 수 있는 예로서 중요하다.

64. 금동연지동자무늬경갑

금동연지동자무늬경갑
고려 12세기,
크기 10.3×6.2cm,
국립중앙박물관 소장

**금동연지동자무늬경
갑 뚜껑 연 모습(아래)**

이 경갑은 담배갑 정도 크기의 납작한 장방형에 뚜껑을 달아 여닫을 수 있도록 만든 휴대용 불경 상자이다.

앞면은 뚜껑을 여닫을 수 있게 삼분의 이 정도의 크기를 이루도록 하단에 모를 죽였고 그 면이 위로 젖혀져 열리도록 되어 있다. 이 뚜껑과 합쳐지는 부분에는 거북 모양으로 조각된 고리를 달아 거북 모양의 목 부분이 돌려져 잠겨지도록 구성하였다. 타출 기법을 이용하여 매우 도드라지게 처리된 경갑의 앞뒤 면에는 연못 안에서 연꽃 줄기를 잡고 서 있는 동자상과 그 주위의 물결 사이로 원앙처럼 보이는 두 마리의 새가 헤엄치는 모습을 표현하였다.

평면적인 부조이면서도 안쪽에서 바깥쪽으로 중심 문양을 돌출시킨 뒤 그 주위 여백을 눌러 더욱 강조시키거나 세부

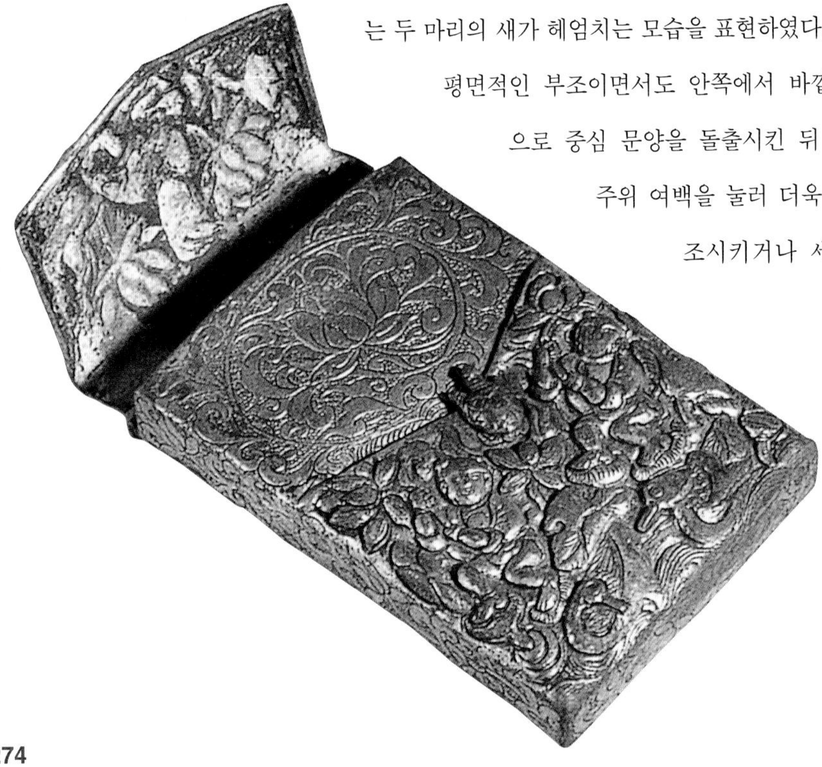

의 표현 부분을 가는 음각으로 추각追刻함으로써 입체감이 더욱 살아나

도록 배려한 기술적 정교함이 돋보인다. 옆면에는 굴곡진 연당초무늬

를 힘있게 묘사하였다.

참고. 금동연지동자무늬경갑

고려 12세기, 크기 8.1×6cm, 국립전주박물관 소장

담배갑 모양의 납작한 직사각형으로, 호신용 다라니 등의 불경을 담는 휴대용 경갑이다. 국립중앙박물관 소장의 경갑보다 조금 작고 더 납작한 모습이며, 뚜껑이 앞면을 덮지 않고 상부 모서리를 통해 뚜껑을 열도록 구성하였다.

277

65. 금동제불감

고려 금속공예의 정교한 솜씨를 여실히 보여주는 귀중한 일례로, 여닫을 수 있도록 양쪽 문을 만들어 내부에 불상을 안치하였던 전각 형태의 불감이다. 타출 기법을 사용하여 조상彫像 부분을 도드라지게 양각한 도금판을 감실의 내부에 부착하였는데, 정면을 바라보고 있는 아미타불을 중심으로 좌우편에 합장한 채 몸을 본존 쪽으로 약간 돌린 보살입상이 있으며, 그 주위에 승려 군상群像을 3단으로 배치하였다. 문 안쪽으로는 인왕상仁王像이 좌우편에 조각되었으며, 불감의 옆면에는 각각 2구의 사천왕상을, 뒷면에는 하단에 연당초무늬를 배치하고 상단에 구름에 휩싸인 신장입상神將立像을 음각하였다. 특히 불감의 용마루 좌우편에는 작은 치미가 장식되었으며 그 중앙부에 작은 고리가 달려 있어 이동할 수 있도록 고안된 것임을 알 수 있다.

금동제불감 정면
고려 13~14세기,
높이 28cm,
폭 25.2cm,
국립중앙박물관 소장

금동제불감 뒷면(아래)

금동제불감 겉 왼쪽 면

**금동제불감 내부 왼쪽
면(옆면 왼쪽)**
코끼리를 탄 보현보살

**금동제불감 내부 오른
쪽 면(옆면 오른쪽)**
사자를 탄 문수보살

현재 내부의 불상은 남아 있지 않지만 동일한 형식을 지닌 불감이 전
남 구례 천은사泉隱寺에 한 점 소장되어 있으며, 그 안에는 금동불 2구
가 안치되어 있어 원래 이 불감에도 불상이 봉안되어 있었을 것이라고
추정된다. 특히 불감 안의 불상은 고려 13세기 말~14세기의 불상 양식
을 반영하고 있어 불감의 제작 시기를 이와 유사한 시기로 추측할 수
있다. 이러한 불감은 조선시대의 수종사탑 출토 불감으로까지 계승되
지만, 이후의 작품은 불전의 형태보다 원통형 통나무를 수직으로 반분
하고, 앞쪽 반을 다시 나누어 문을 여닫듯이 펼치면 내부의 불상 조각
이 드러나는 원통 형태의 불감으로 바뀌게 된다.

V. 일상생활 용구

금속제는 토제 · 목제 · 골각제骨角製의 용구에 비해 단단하고 강하며 쉽게 마모되지 않아 농기구나 무기 등 견고함과 강인함을 필요로 하는 작업에 사용되는 도구의 자재로 적합하고 내구성이 좋으며 실용적이다. 또한 주조나 단조 등의 여러 가지 성형 기술과 표면 장식을 이용하여 다양한 형태를 만들거나 화려하게 장식할 수 있다는 장점을 갖고 있다. 따라서 인류가 금속을 다루는 기술을 습득한 이후 다양한 금속제 일상생활 용구가 제작 · 사용되었다.

금속제 일상생활 용구에는 견고함을 요하는 자물쇠를 비롯하여 안전하게 화기火氣를 다룰 수 있는 화로나 향로, 촛대 등의 등화구燈火具, 금속의 반사 성질과 광택성을 이용한 거울, 다양한 표면 가공을 통하여 화려한 작품을 얻을 수 있는 장신구나 화장 용구, 그리고 실용성과 장식성을 모두 살릴 수 있는 여러 가지 일상 용기 등이 포함된다. 이러한 금속제 일상 용기는 개인의 취향이나 신분에 따라 목기, 칠기漆器나 토기, 도자기 등과 같은 재질의 일상 용기로 대체되거나 함께 사용되기도 하였다. 특히 고려시대의 생활 용기 가운데 같은 기형과 문양을 지닌 도자기와 금속기가 함께 전해지는 경우가 있으며, 탁잔이나 합盒 · 병 · 주전자 등에서 그러한 예를 많이 찾아볼 수 있다.

금동제초심지 가위
통일신라,
길이 25.5cm,
경주 월지 출토,
국립경주박물관 소장

촛대

중국에는 한대漢代에 이미 등촉燈燭 기구가 사용된 사실을 고분古墳 출토품의 예로 미루어 짐작할 수 있다. 우리나라의 경우 백제 무령왕릉武寧王陵에서 기름을 담고 불을 켰던 등잔이 출토되어 삼국시대에 이미 등촉 기구가 사용된 사실을 알 수 있다. 불교가 전래되면서 등촉 기구도 급속히 발달하였는데, 사찰에서는 부처님께 공양을 올리는 공양구로서 널리 제작되기에 이른다.

이러한 등 외에도 기름을 이용한 초의 생산이 이루어지면서 촛대〔촉대燭臺〕가 제작되기 시작하였다. 현재 남아 있는 가장 오래된 촛대는 통일신라 후기의 것이지만, 경주 월지月池에서 출토된 심지가위(초심지를 자를 수 있도록 가위날의 외곽을 반원형 테두리로 두른 가위)의 예로 미루어 통일신라 8세기경에는 이미 초와 촛대의 제작이 이루어졌음을 짐작해볼 수 있다. 또한 실용기로 쓰여지던 촛대는 점차 장식적인 성격을 띠게 되어 정교한 기술의 공예적인 작품도 제작되기 시작하였다.

통일신라시대에 만들어진 금동촛대 한 쌍(국보 174호)은 현재 대부분의 금도금이 탈락되었으나 촛대의 전면을 돌아가며 자색紫色 수정水晶을 상감象嵌한 48개의 꽃 모양 장식을 첨가한 것을 보면 제작 당시의 화려함을 충분히 짐작해볼 수 있다.

고려시대에 만들어진 등촉구는 크게 두 가지 형식으로 나뉘는데, 첫째는 통일신라시대의 금동상감촛대와 같이 초를 꽂을 수 있는 초꽂이

용 촛대이고 다른 한가지는 등燈과 초를 함께 사용할 수 있는 광명대光明臺이다. 이 광명대에 관해서는 서긍徐兢이 지은 『선화봉사고려도경宣和奉使高麗圖經』에서 '세 발이 달린 받침 위로 대나무와 같은 손잡이가 솟아 있고 위에는 쟁반이 하나 있어 그 가운데 올려진 받침 달린 사발에 불을 켠다. 등불을 켜려면 구리항아리로 바꾸어서 기름을 담고 심지를 세워 작은 흰 돌로 눌러놓고서 붉은 사포紗布로 덮어 씌운다'라고 기록되어 있다. 이러한 기록과 동일한 형태를 지닌 고려시대의 광명대는 꽤 여러 점 남아 있다. 그 가운데 한독제약박물관에 소장된 무자법천사명戊子法泉寺銘촛대는 명문 중에 실제로 광명대로 기록되어 있어 『고려도경』의 내용을 뒷받침해준다.

한편 고려시대에 만들어진 초꽂이용 촛대는 광명대 상부의 초꽂이 부분만 제외하고 형태가 거의 동일하다. 그러나 통일신라의 촛대가 초를 끼울 수 있는 원통형 초꽂이인 반면 고려시대에는 촛대 받침 중앙으로 뾰족한 침針이 달려 초를 직접 꽂을 수 있게 만든 예가 많다.

조선시대의 촛대는 생활용품의 일부가 되어 제작이 크게 늘어나며, 청동 외에 철과 나무 등으로 제작되었고 후기로 가면서 특히 놋쇠〔유제鍮製〕촛대가 많이 만들어졌다. 형태 면에서는 고려시대에 비하여 다양해지고 중국 촛대의 영향을 받아 촛대 한쪽으로 부채꼴형 장식〔화선火扇〕이 첨가되기도 한다. 손잡이 기둥은 중간을 잘록하게 좁혀 변화 있게 처리하고 이 위에 올려진 접시 형태의 초꽂이 받침은 그 중앙에 돌출된 침이 있어 초를 꽂게 만들었다. 조선시대 촛대의 대부분은 세부 가운데는 형태가 너무 과장되어 오히려 불안정해 보이기까지 한다. 철제의 촛대 가운데는 조선시대에 널리 사용된 십장생十長生무늬 등을 화려하게 은입사한 작품도 볼 수 있다.

구리거울

거울이 없었던 시절 옛 사람들은 그릇에 담겨진 물이나 잔잔한 시냇물에 자신의 모습을 비춰보았으나 점차 수면처럼 구리를 매끈하게 다듬고 갈아 언제라도 비출 수 있는 구리거울[동경銅鏡]을 만들게 되었다. 실제로 중국 거울의 기원은 경감鏡鑑이라는 청동으로 만들어진 대야에 물을 담아 얼굴을 비춰 보던 것에서 유래한 것이라고 한다. 그러나 이러한 구리거울도 처음에는 실생활 도구로서가 아니라 광명光明, 즉 해의 상징물과 같은 주술적 성격을 지닌 의식용 도구의 역할이 더욱 강하였다. 따라서 얼굴을 비추기 위해 마련된 마연磨研된 면의 반대쪽은 그 의미를 더욱 강조하여 여러 가지 상징 문양을 장식하게 되었다.

우리나라에서 구리거울은 청동기시대 후반경부터 만들어지기 시작하여 거울 뒷면의 기하학적 문양이 처음에는 거친무늬에서 점차 섬세하게 시문되며 고리가 두 개 달린 다뉴세문경多鈕細文鏡으로 정착되었다. 이들 역시 함께 발견되는 부장품의 성격으로 미루어 당시의 제사장과 부족장들의 권위의 상징물, 또는 주술적 도구로 추정되고 있다. 삼국시대와 통일신라시대에 이르러서는 금속공예기술의 비약적인 발전과

다뉴세문경
지름 21.2cm,
국보 141호,
숭실대학교박물관 소장

286

함께 중국의 한경漢鏡과 당경唐鏡을 모방한 거울이 만들어졌으나 그리 많은 수의 거울을 제작하지는 않았던 것으로 보인다.

통일신라 거울 중에는 금이나 은판으로 얇게 무늬를 만들어 거울 뒷면에 붙이고 그 위에 옻칠을 입힌 다음 무늬 부분만을 벗겨내어 장식하는 평탈平脫 기법, 그리고 나전과 호박, 공작석 등을 적당한 크기로 가공하여 거울 바탕에 붙인 화려한 나전螺鈿 기법의 거울도 만들어졌다.

우리나라의 거울은 고려시대에 들어 본격적인 일상생활 용구로서 쓰임새가 크게 늘어나 다양한 형태와 문양을 지닌 많은 수의 작품이 제작되었다. 고려시대의 동경은 제작 방법에 따라 고려 독자적인 것과 중국에서 수입된 것, 그리고 이러한 거울들을 그대로 틀로 떠내어 다시 부어낸 거울〔재주경再鑄鏡〕과 부분적으로 문양을 본따거나 변화시킨 거울〔방제경倣製鏡〕 등으로 구분된다. 거울의 형태는 가장 기본적인 원형 이외에 방형方形, 화형花形, 능형稜形, 종형鐘形 등이 있으며 이외에 기능성을 고려한 손잡이 달린 거울〔병경柄鏡〕, 거는 거울〔현경懸鏡〕 등 다양하다.

전형적인 고려시대 거울은 뒷면에 하나의 꼭지〔뉴鈕〕를 중심으로 내구內區와 외구外區 및 반원형의 테두리〔주연周緣〕로 구성되며, 무늬는 내구와 외구 부분에 배치하여 주조하였는데 화조花鳥 · 서수瑞獸 · 인물고사人物故事 · 보상당초寶相唐草 · 문자文字무늬 등이 다채롭게 시문되

거울걸이에 매달린 거울
고려시대

었다. 이들 가운데 고려국조高麗國造거울·운학雲鶴무늬거울·쌍호雙號무늬거울 등의 문양은 고려의 독창적인 문양으로 알려져 있다.

한편 이들과 함께 X자형으로 교차시킨 다리에 거울을 걸 수 있도록 고안된 금속제의 거울걸이〔경가鏡架〕도 만들어졌는데, 이곳에는 도금鍍金이나 은입사銀入絲, 타출打出 등으로 화려하게 장식한 예가 많아 고려 귀족 사회의 화려하고도 풍요로운 일면을 반영해주고 있다.

조선시대 경대

조선시대의 거울은 고려시대에 비해 남아 있는 수가 매우 적으며 문자무늬와 범자무늬를 시문한 거울 정도가 조선시대의 것으로 알려져 있다. 특히 조선 후기에 이르면 수은을 입힌 서구식 거울이 들어오게 되어 그 수효가 급격히 줄어들어서 자연히 자취를 감춰버리게 된 것으로 보인다.

288

66. 금동수정상감촛대

금동수정상감촛대
통일신라 9세기,
높이 36.8cm,
국보 174호,
호암미술관 소장

초의 생산과 함께 발달하기 시작한 촛대는 처음에 실용적인 목적으로 만들어지지만, 점차 공예품으로서 외형과 문양이 다양해지고 의장을 강조한 장식적인 작품이 되어간다.

이 한 쌍의 금동촛대는 현재 금도금이 많이 벗겨졌으나, 제작 당시의 화려함을 충분히 짐작할 수 있다. 바닥이 움푹 패인 꽃잎 모양의 받침 아래로 여섯 개의 다리가 놓여 있고, 중앙부에서 올라온 손잡이 기둥은 3단의 굴곡을 이루었다. 이 위에는 아래의 꽃받침과 동일한 형태이면서 규모가 줄어든 연꽃 모양의 초꽂이 받침과 구연口緣이 밖으로 말린 원통 모양의 초꽂이가 놓여 있어 이 부분에 초를 꼽도록 만들었다.

촛대의 전면에는 자색 수정을 상감한 48개의 꽃 모양 장식을 첨가하여 화려함을 더했다. 참신하고 균형 잡힌 외형과 함께 금도금과 수정을 상감한 통일신라 전성기 공예 기술의 면모를 잘 보여주는 한국 촛대 가운데 가장 아름다운 작품이다.

67. 청동쌍사자광명대

청동쌍사자광명대
고려 11~12세기,
높이 41cm,
강원도 홍천 출토,
국립춘천박물관 소장

고려시대의 등촉구는 형식상 크게 두 가지로 대별되는데, 상부에 초를 끼울 수 있도록 원통형 받침을 지닌 초꽂이용 촛대와 상부가 편평한 원반형을 이루어 등촉을 올려놓도록 구성된 광명대이다. 다리가 달린 받침대 부분 위에 대나무 마디 모양의 손잡이 기둥[간주竿柱], 그리고 상부에 원반형 받침이 놓인 법천사法泉寺터 출토의 무자명戊子銘촛대의 명문에서도 광명대로 기록하고 있어, 이처럼 등촉을 동시에 사용하는 형태의 것을 특별히 광명대라 하였음을 짐작할 수 있다.

이 광명대는 가운데가 모자처럼 불룩하게 솟아오른 원반형 하대 위로 두 마리의 사자가 손잡이 기둥을 받치고 그 상부에 원반형의 등잔 받침대가 올려 있는 구성이다. 하대의 하단 상부에는 꽃무늬 장식을 돌출시켰으며, 중단에는 안상眼像을 투조透彫 장식하였다. 하대 상부 중앙에는 고개를 돌려 포효하는 듯한 표정의 두 마리 사자가 앞 발을 들어 손잡이 기둥을 받치고 있다. 생동감이 넘치는 사자의 자세에 비해 얼굴 모습에서는 약간의 해학적인 표현을 느낄 수 있다. 손잡이 기둥은 그 하단을 장고 모양으로 만들고 세 개의 마디 부분 가운데 중간 것이 복발형覆鉢型이면서, 그 부분을 칠보七寶무늬로 투각 장식하였다. 그 위에 놓인 널찍한 원반형 받침의 윗면에는 동심원만 여러 줄 둘려져 장식되었다. 통일신라에 유행되었던 쌍사자석등의 형식을 이처럼 광명대에까지 응용시킨 당시 장인들의 기지를 엿볼 수 있는 수작이다. 이와 유사한 쌍사자 광명대(높이 31.6cm)가 경희대학교박물관에 한 점 소장되어 있다.

68. 철제시명촛대

조선시대의 촛대는 고려시대에 비하여 형태 면에서 매우 자유로워졌지만, 중국 촛대의 영향을 받아 촛대 한쪽에 화선火扇이 첨가되는 특징을 보인다. 국립중앙박물관 소장의 시명詩銘촛대가 그 좋은 예로, 넓은 접시 형태로 단순해진 촛대 받침 아래에는 상다리와 같은 세 개의 짧은 다리가 붙어 있으며, 손잡이 기둥은 중간을 잘록하게 좁혀 변화를 주었다. 이 위에 올려진 접시 형태의 초꽂이 받침은 중앙에 돌출된 침이 있어 초를 꽂게 만들었다.

특히 초꽂이 받침 아래에서 직각을 이루며 뻗어 올라간 화선에는 '쇠를 곱게 꾸며 만든 한 자〔일척一尺〕 남짓한 크기에, 있는 공 다 들여 만들었으니, 하나하나 신비롭도다. 나그네 스쳐가듯 빨리 타버리는 촛불이나, 너와 더불어 긴 밤 지새는 이가 누구던고'라는 내용의 한시漢詩를 은입사銀入絲로 장식하였다. 당시 양반 사

철제시명촛대
조선 후기,
높이 80.5cm,
국립중앙박물관 소장

회의 우유자적한 서정성을 함축적으로 표현하고 있는 흥미로운 자료이다. 손잡이 부분에는 조선시대에 널리 사용된 십장생무늬를 은입사하였는데, 철제품이 띠는 검은 색조와 어우러져 한 폭의 그림 같은 생동감이 한층 부각되었다.

69. 철제은입사촛대

　조선시대의 촛대는 주로 상류층이 사용했으며, 이러한 계층의 기호를 반영하듯 촛대의 의장이 매우 세련되었으며 형태도 다양하다.

　이 촛대는 조선 후기의 것으로 화선火扇과 연잎형 갓을 갖추고 있으며, 세련된 형태에 은으로 문자 '희囍', 용, 봉황, 박쥐, 번개무늬 등을 입사하여 길상吉祥의 의미를 더하였다. 일곱 마리의 용이 몸체를 돌아가며 서로의 꼬리를 물듯 표현되어 있는데, 그 추상화된 형상이 매우 독특한 느낌이다. 용과 봉황의 형태나 구름의 동글동글한 모양에서 장식적인 경향으로 변화되는 것을 살필 수 있으며, 용과 봉황의 눈을 색채 효과를 살리도록 구리로 입사하여 강조한 것이 흥미롭다.

철제은입사촛대
조선 18~19세기, 높이 87.9cm, 국립전주박물관 소장

도면. 철제은입사촛대

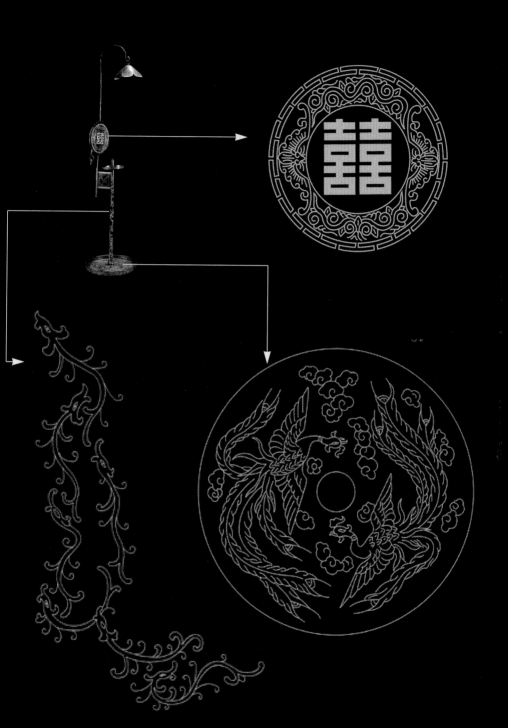

70. 쌍룡무늬거울

쌍룡무늬거울
고려 11~14세기,
지름 26.7cm,
국립중앙박물관소장

이 거울은 중앙의 꼭지를 중심으로 한 뉴좌鈕座와 내구, 외구를 굵은 융기동심원으로 또렷하게 구분해놓았다. 거울의 중앙에는 세 겹으로 겹친 연꽃을 둥근 테두리로 감싼 후 연꽃의 자방子房을 꼭지로 이용하였는데, 두툼한 연잎에 가는 선을 넣어 활짝 핀 모습을 표현하였다. 내구에는 다른 거울의 동물무늬처럼 역시 용이 대칭으로 표현되었으며, 두 마리의 용이 서로 반대 방향으로 힘차게 날아가는 모습이다. 입을 벌리고 갈기를 곧추 세우며 두 발로 눈앞에 있는 태극무늬로 표현된 여의주를 잡으려고 안간힘을 쓰는 듯한 용의 세부 표현까지 생동감 있게 묘사되어 있다. 넓은 외구에는 활짝 핀 여덟 개의 연꽃 사이를 줄기로 연결한 측면관의 연잎이 꽉 차게 배치되었다. 고려시대 거울 가운데 가장 널리 제작된 문양의 하나이다.

71. 청동팔괘무늬방형거울

청동팔괘무늬방형경
고려 말~조선 초,
14~15세기,
크기 7.2×6.9cm,
국립춘천박물관 소장

팔괘八卦
역학易學에서 자연계와
인간계의 본질을 인식
하고 설명하는 기호 체
계로, 팔괘는 자연계 구
성의 기본이 되는 하늘
(건乾)·땅(곤坤)·못(태
兌)·불(리離)·지진(진
震)·바람(손巽)·물(감
坎)·산(간艮) 등을 상징
하는 것이다.

고려시대의 팔괘八卦무늬거울은 크게 방형과 원형의 두 종류가 있으며, 방형 거울의 경우 거울 테두리를 약간의 능형으로 처리하고 테두리와 뉴좌 사이의 공간에 별도의 구획을 두어 서수瑞獸나 문자, 당초무늬를 시문하는 것이 일반적이다. 그러나 이 거울은 외연을 정방형으로 만들었고 거울 테두리는 매우 넓고 두텁게 처리하였다. 중앙부에 돌출된 뉴 주위로 꽃 모양 장식을 두른 뒤 주위를 돌아가며 팔괘무늬를 배치하였으나 그 이외의 다른 문양은 전혀 시문하지 않았다. 기존의 방형거울에 비해 크기가 매우 작으면서도 팔괘무늬만 배치한 단순한 구성으로 변모된 점으로 미루어, 고려 후기나 조선 전기에 해당되는 비교적 늦은 시기의 작품으로 보인다.

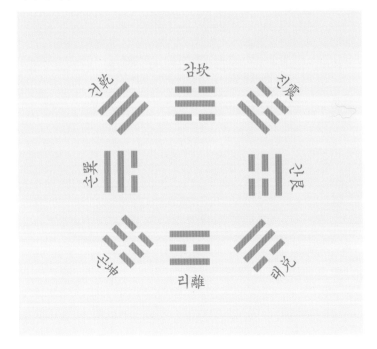

72. 용수전각무늬거울

용수전각무늬거울
고려, 지름 21cm,
국립중앙박물관 소장

일반적으로 용수전각문경龍樹殿閣文鏡으로 알려진 이 거울은 고려시대에 쌍룡무늬거울과 함께 널리 유행하였던 문양이다. 오른쪽에는 큰 나무가 화면을 압도하듯 휘어져 높이 솟아 있고, 나무 곁을 지나 용이 헤엄치고 있는 강과 다리를 건너는 두 사람이 표현되어 있다. 앞서 가는 사람은 보선寶扇을 받쳐 들어 뒤에 오는 사람을 안내하는 듯하며, 뒤의 인물도 다리 건너 앉아 있는 귀부인을 향해 손 모아 허리를 굽혀 예를 갖추고 있다.

다리 건너에는 토끼와 두꺼비가 마주 앉아 있어 물을 건너 도착한 이곳이 신선 세계임을 알 수 있다. 귀부인 모습의 인물 옆으로는 보선을 든 두 시종이 협시脇侍하고 그 주위에는 상서로운 구름이 서려 있다.

뒷 배경에는 치미가 있는 기와 지붕까지 매우 입체적으로 표현된 목조 건물이 배치되고, 그 안에 두 사람이 문을 살며시 열고 앞에서 벌어지고 있는 광경을 보고 있는 모습이다.

이러한 문양의 거울은 토끼와 두꺼비가 나타나는 것으로 보아 월궁문경月宮文鏡의 일종으로 생각된다. 중국 송대宋代에도 월궁 고사와 관련된 유사한 모티브의 거울이 발견되나 이러한 도상의 거울은 주로 우리나라에서 발견되고 있어 대표적인 방제경倣製鏡으로 알려져 있다.

73. 고려국조거울

고려시대 구리거울 가운데 운학雲鶴무늬거울과 고려국조高麗國造거
울이 가장 독자적인 예로 알려져 있다. 거울의 뒷면에 주연부를 두르고
한 개의 커다란 뉴를 중심으로 굴곡을 이룬 두 줄의 당초무늬를 둥그렇
게 감쌌는데, 줄기 주변에 굵은 장식이 구름무늬처럼 표현되어 그 외연
을 선각으로 장식하였다. 뉴의 아래쪽에는 긴 장방형長方形 구획을 두
어 '고려국조高麗國造'의 명문을 양각했다. 고려국조거울은 발견 예가
희소하지만 크게 구분해서 지름 9.5cm 내외의 것과, 이 작품과 같이
15cm 내외의 조금 큰 것의 두 종류가 있으며 문양은 모두 동일하다.

74. 은제도금거울걸이

은제도금거울걸이
고려 12~13세기,
높이 55.5cm,
국립중앙박물관 소장

고려 때 일상생활에서 자신의 모습을 비추어 외모를 가꾸기 위한 화장용구로 청동거울이 사용되었는데, 이 거울을 어딘가에 고정시켜 두 손이 자유로운 상태로 머리나 얼굴을 매만지기 위해 고안된 것이 아마도 이러한 거울걸이라고 할 수 있다. 이 거울걸이는 나무로 'ㅍ'자 형태의 사각틀을 두 개 만들고, 표면을 고려시대 각종 공예품에서 문양 장식으로 즐겨 사용되던 봉황과 당초 문양을 타출한 은제도금 장식판으로 감싸놓았다. 타출 기법은 고려시대 금은 세공에서 즐겨 사용되던 장식 기술로, 거울걸이에 사용된 것으로는 현재까지 이것이 유일한 예이다.

두 개의 사각틀은 서로 교차되어 펼쳐 사용하거나 접어 보관할 수 있게 고안되었는데, 재질이 나무와 은판이라 크기에 비해 매우 가벼워 이동이 손쉬웠을 것으로 여겨진다. 거울걸이의 뒤쪽 틀을 앞쪽 틀에 비해 높이고, 거울 뒤쪽 틀 중앙에 볼록한 연꽃봉오리 위에 앉은 봉황 모양의 뉴를 만들어, 여기에 줄을 맨 구리거울을 걸어 자리에 앉아 편안하게 거울을 볼 수 있도록 하였다.

75. 철제금은입사거울걸이

철제금은입사거울걸이
고려 12~14세기,
높이 56cm,
국립중앙박물관 소장

거울을 걸어 두기 위해 철제봉으로 사각틀을 만들고, 두 개의 사각틀을 교차시켜 접고 펼 수 있도록 고안한 장치이다. 철로 주조한 봉의 표면에는 두 마리의 봉황을 금으로 입사하고, 그 외곽에 당초무늬를 은으로 입사하였는데, 빈 곳은 은판으로 면입사面入絲하였다. 고려시대에는 보통 청동제품에 입사 세공을 하는데, 이 작품은 철제품에 문양을 입사하였다. 철제품에 입사하는 전통은 삼국시대 철제대도鐵製大刀의 손잡이나 칼 표면에 금이나 은선을 끼움입사하였던 예까지 거슬러 올라가며, 그 후 통일신라시대 등자鐙子의 표면 문양 장식에도 이용되었다.

이 거울걸이에서는 그다지 굵지 않은 철제봉의 표면 전체를 문양으로 빼곡히 채워넣어 당시에도 상당히 이려웠던 정교한 입사 기술이 사용되었음을 알 수 있다. 거울은 뉴에 줄을 매어 거울걸이 뒷면 연꽃봉오리 장식에 걸어 두었던 것으로 보인다. 철제봉의 무게로 인해 접고 펴거나 이동하기에는 은제나 청동제 거울걸이에 비해 조금은 불편하였을 것으로 여겨진다.

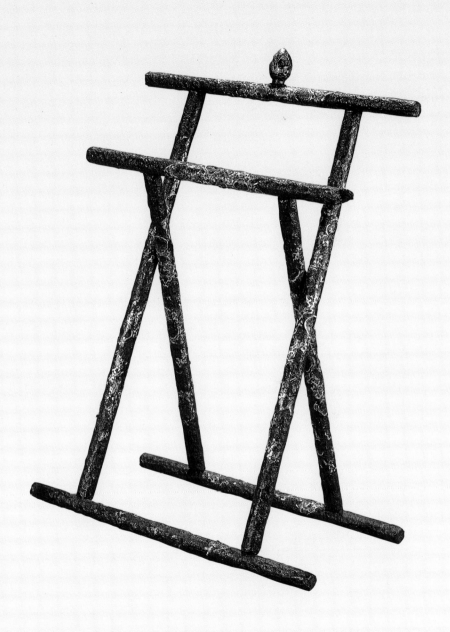

76. 동제금은입사수하쌍수무늬소호

**동제금은입사수하쌍
수무늬소호**
통일신라 8~9세기,
높이 4.8cm,
국립중앙박물관 소장

**참고. 동제금은입사
조수무늬삼족호(아래)**
통일신라 8~9세기,
국립전주박물관 소장

바닥이 둥근 작은 단지형의 용기로, 기면器面에 금과 은으로 문양을 가득 입사 장식하였다. 동체의 외면을 세 개의 원형 구획으로 나누어, 그 안에 잎이 무성한 나무를 중앙에 두고 나무 위 양 끝에 각각 한 쌍의 새가 다정하게 앉아 있고, 나무 아래에는 얼굴을 마주한 새·사슴·사자 한 쌍씩의 동물이 앉아 있는 문양을 입사하였다. 이러한 문양은 일반적으로 수하쌍수樹下雙獸무늬 또는 수하쌍조樹下雙鳥무늬 등으로 불리며, 서역西域의 영향을 받아 중국 당대唐代에 유행한 문양으로 알려져 있다. 이러한 문양은 통일신라시대의 금속공예품이나 와전瓦塼의 문양으로 자주 사용되었다. 주된 문양은 금선으로 입사하여 그려넣었으며 여백 부분은 은으로 면입사하였다. 원형 문양 구획부 사이의 공간에는 역삼각형의 작은 구획을 두어 그 안에 잎사귀가 내려뜨려진 모습을 동일한 방식으로 표현하였다. 단면이 둥글고 살짝 외반된 구연 가장자리에는 문양 띠를 두르고 금사로 초화草花무늬와 구름무늬를 입사하였다.

크기와 문양 표현에서는 이와 유사하지만 둥근 바닥 하부에 세 개의 다리가 달린 소호가 국립전주박물관에 소장되어 있다. 이들은 모두 비슷한 시기인 통일신라시대의 작품으로 추정된다.

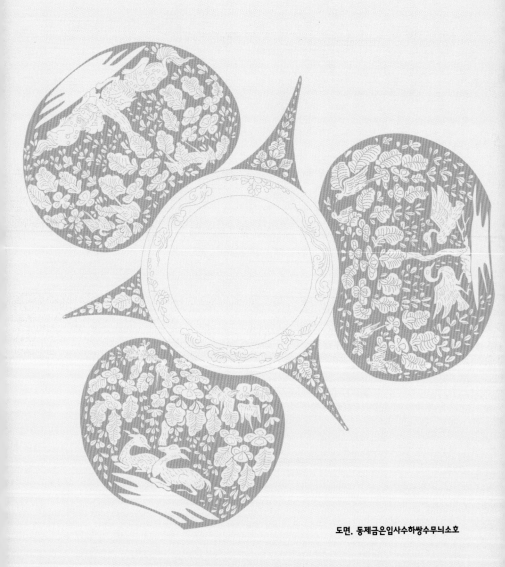

도면. 동제금은입사수하쌍수무늬소호

아래로부터 몸체의 삼분의 이쯤 되는 부분을 잘록하게 좁혀 상하 두 부분으로 나눈 표주박형의 병으로, 은제 위에 도금을 했고 전면에 높게 돌출된 타출 기법으로 섬세한 문양을 빠짐없이 시문하였다. 구연부 위에는 연꽃봉오리 형태의 뚜껑을 만들어 끼울 수 있게 했으며, 굽이 없이 편평한 저면底面에는 중첩된 꽃무늬를 장식하였다.

상부 몸체의 윗부분에는 덩굴형 줄기를 연속으로 두르고 그 여백 면에 포도송이처럼 달린 꽃무늬로 장식하였으며, 하단에는 내부에 꽃술 장식이 첨가된 잎무늬를 앙엽仰葉으로 둥글게 돌아가며 중첩 배치하였다. 그 아래의 잘록한 마디 부분에도 간략하게 꽃무늬를 새겼다. 하부 몸체의 상단부와 하저부에도 동일한 모습이지만 복엽伏葉으로 처리된 잎무늬를 시문하였다. 그리고 몸체의 중단에는 머리를 아래로 향한 채 두 날개를 활짝 편 봉황무늬를 앞뒤 면에 배치하고, 그 사이의 여백 면을 돌아가며 상부 몸체에 시문된 덩굴 줄기와 포도송이 모양의 꽃무늬를 섬세하게 장식하였다. 이들 문양은 일견 복잡해 보이면서도 좌우 대칭의 균제미均齊美와 율동감이 잘 표현되었다. 아울러 내면에서 타출시

킨 뒤 다시 외부에서 그 여백을 두드려 누르는 방법을 사용함으로써, 마치 누금처럼 따로 떼어 붙인 듯 입체감이 강조되었다. 이 표형병瓢形瓶이 어디에 쓰였는지는 알 수 없지만, 동일한 타출 기법으로 만들어진 팔찌·장도집과 같은 일련의 작품들이 고려 고분의 부장품으로 함께 발견되었다.

78. 은제도금타출화조무늬팔찌

은제도금타출화조무
늬팔찌
고려 12~13세기,
지름 9cm,
국립춘천박물관 소장

은제로 된 팔찌의 외형 부분을 내부 면에서 바깥쪽으로 눌러 높게 돌출시킨 타출 기법을 사용하여 정교하게 시문한 뒤 전체에 도금을 입힌 이 작품은 고려 금속공예의 화려하고도 귀족적인 면모를 잘 보여주고 있다. 팔찌의 바깥 면을 돌아가며 능화형稜花形으로 된 여섯 개의 구획을 주문양으로 배치한 뒤, 능화무늬 안에 서로 엇갈리게 표현된 두 마리의 새와 연화당초를 번갈아가며 시문하였다. 그 여백에는 넝쿨 형태로 굴곡을 이룬 연당초무늬를 빽빽이 배치하고 그 주위를 눌러 더욱 도드라지게 표현하였다. 바깥 옆면의 위아래 단은 톱니 모양의 장식으로 마감하였다. 팔찌 안쪽의 둥글게 비어 있는 부분은 별도의 얇은 은제판으로 끼워 위로 덧대었으며, 이 은제판에 당초무늬와 어자무늬로 촘촘히 선각 또는 저부조 타출하였다. 은제장도집·은제타출무늬표형병과 재료와 기법·문양 면에서 서로 연관되는 점이 많으며 고려 고분의 부장품으로 함께 출토되는 예가 많다.

79. 은제타출용조무늬장도집

**은제타출용조무늬장
도집**
고려 12~13세기,
길이 21cm,
잔편 2.5cm,
국립전주박물관 소장

　　세 점 모두 상하단이 좁고 배 부분이 불룩하며 칼집 입구 부분의 한
쪽을 길게 튼 전형적인 모습의 고려시대 장도집으로, 위쪽 마디의 옆면
에 끈을 꿰기 위한 작은 꽃 모양의 고리가 연결되어 있다. 대부분 은제
이지만 일부 도금을 한 장도집도 있으며, 상부에는 장도를 끼울 수 있
도록 짧은 장도 손잡이가 남아 있다. 세 점 모두 외형과 형식은 거의 동
일하지만 문양 구성과 타출의 깊이에서 약간의 차이가 있다. 그 가운데
우선 맨 위에 있는 고부조 타출로 장식된 한 점을 살펴보면, 장도집의
전체를 세 개의 띠로 네 마디로 나누고 각 마디마다 꽃무늬가 장식된
띠 모양의 장식대로 만들어 간격을 구획하였다. 각 마디 안에는 안상형
眼像形의 구획을 두어 내부에는 날개를 활짝 편 봉황무늬와 그 여백에

군집된 꽃잎을 시문하였다. 그러나 중간 두 마디에 비해 양 끝단 마디
의 간격이 좁게 처리되어서인지 중간의 두 마디에는 서로 반대 방향을
한 두 마리의 봉황이 배치된 반면 나머지 두 마디는 각각 한 마리씩만
시문되었다. 그리고 각 마디의 안상형 구획을 돌아가며 몇 개의 군집된
꽃무늬를 질서 있게 반복 시문하고 그 사이의 여백을 작은 꽃잎으로 채
우는 방법은 앞서의 은제표형병과 유사하다. 이와 달리 나머지 두 점은
각 마디에 타원형 구획을 두고 중간의 두 구획 안에는 격동적인 모습의
반룡무늬와 그 바깥에 꽃무늬를 장식하였으며 다른 작은 구획에는 꽃
무늬를 간략히 타출하였다. 맨 아래쪽의 장도집은 크기가 작고 음각에
가까운 낮은 타출로 시문되어 보다 단순화된 느낌이다. **317**

80. 은제도금타출신선무늬향합

**은제도금타출신선무
늬향합**
고려 12세기,
지름 5.6cm,
국립춘천박물관 소장

　　합의 뚜껑 양쪽에 회화적인 도상圖像을 표현한 고려 시대 향합香盒의
귀중한 예이다. 몸체의 뚜껑 부위에는 한쪽에서 높게 솟아난 나무 아래
에 그림을 들고 있는 동자 두 명과 그 옆에 바위 위에 앉아 부채를 들고
그림을 감상하는 신선처럼 생긴 노인의 모습을 고부조 타출하였다. 우
거진 나무에는 꽃이 활짝 피어 있고 나비가 날고 있으며, 족자 형식으
로 된 그림에는 산수와 배가 표현되어 있음을 볼 수 있다.

　　합의 반대쪽에는 왼쪽에 솟아오른 나무 밑에서 노인 두 명이 바둑을
두고 있는 모습과 그 옆에서 술병으로 보이는 지물을 들고 동자가 시립

318

하고 있는 모습을 타출하였다. 바둑판은 줄자리와 함께 놓여진 작은 바둑돌까지 세밀하게 묘사되었고, 측면에는 상부 쪽에 줄을 매달기 위한 고리가 달려 있으며, 위아래 판을 돌아가며 간략한 꽃무늬가 연속으로 얕게 타출되었다. 고려시대 향합 가운데 고부조 타출로 이루어진 가장 정교한 작품인 동시에 문양의 차원을 넘어 회화적으로 완벽히 재현된 수작으로 평가된다.

**은제도금타출신선무
늬향합 뒷면**

319

81. 은제화장호

은제화장호
조선 1650년경,
높이 6.3cm,
숙신공주 묘 출토,
국립중앙박물관 소장

**은제화장호 뚜껑 내
부에 매달려 있는 숟
가락**(오른쪽 아래)

숙신공주淑愼公主는 조선 제17대 효종孝宗 임금의 첫째 따님으로, 대
군의 위치에 있던 효종 임금이 1637년 볼모로 만주 심양으로 가던 길에
함께 동행하였다가 두 살의 어린 나이에 병사하였다. 공주 묘에서 출토
된 화장호化粧壺 두 점 중 하나에는 화장호 외면에 과실이 달린 나뭇가
지를 표현한 절지折枝무늬를 돌아가면서 시문하고, 그 바탕을 어자무늬
로 촘촘히 메워 절지무늬가 양각에 가깝게 도드라져 보이도록 하였다.
이 화장호 안에는 사용하던 분粉이 그대로 담겨 있어 실제 사용된 것임
을 알 수 있다.

다른 화장호는 뚜껑 내부에 소형의 숟가락이 달려 있는 것으로 보아
아마도 향유 등의 용액을 담기 위한 것으로 보인다. 은으로 만든 화장
호 외면에 산수인물도를 새겨 여기에 납으로 입사하는, 매우 독특한 시
문 방법을 사용하였다. 산수 문양은 회화 전개 구성과
마찬가지로 왼쪽에서 오른쪽으로 이야기가 전
개되는 듯하며, 신선으로 보이는 세 명의
인물이 태극무늬가 그려진 그림을 펼쳐
보는 부분이 중심으로 여겨진다.

어머니 인선왕후仁宣王后 장씨張
氏가 어린 공주의 죽음으로 인한
슬픔에 자신이 쓰던 화장호를 명
기明器로 공주 묘에 함께 넣었던
것이 아닐까 추측된다.

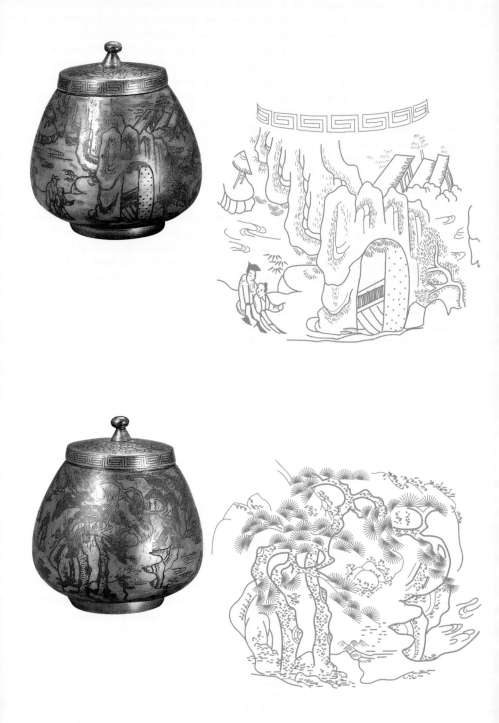

82. 은제봉황장식함

    다섯 잎의 능화형으로 이루어진 은제의 합 위에 놋쇠〔유제鍮製〕로 된 한 마리의 봉황을 세운 장식함으로, 은제합의 한쪽을 여닫을 수 있도록 서랍을 만들었다. 은제합의 상부 면에는 칠보七寶로 연당초무늬를 장식하였다. 봉황은 날개를 뒤로 접고, 두 다리로 곧추서서 정면을 바라보고 있는 모습이다. 벼슬과 눈, 날개와 갈기 등의 세밀한 부분까지 선각되어 봉황의 우아한 자태를 매우 정교하게 표현하였다.

    함의 지면에는 '이화장梨花莊' 이라는 음각 명문이 있다. 화려한 장식성이 돋보이는 정교한 작품으로, 형태와 세부 문양 면에서 조선 말이나 20세기 초경에 제작된 것으로 추측된다.

은제봉황장식함
조선 말~근대,
높이 8.9cm,
국립중앙박물관 소장

83. 금동자물쇠 및 문고리

금동자물쇠 및 문고리
통일신라,
빗장 길이 26cm,
문고리 길이 10.5cm,
보물 777호,
호암미술관 소장

금으로 도금된 화려한 모습의 동제자물쇠와 문고리로, 탑이나 부도에 장식된 문비門扉 장식이 실제로 사용된 것을 보여주는 귀중한 예이다. 금동자물쇠는 몸체가 장방형으로 중앙에는 세 줄의 종대로 띠를 둘렀고, 그 양단은 구름 모양으로 굴곡지면서 아래 단은 날카롭게 돌출되었다. 상부에 가로지른 빗장은 그 양 끝단이 위로 말려 연꽃봉오리 형태로 처리되었다. 왼쪽에서 채울 수 있도록 오른쪽 하단에 열쇠를 끼우는 방형方形 구멍〔공孔〕을 뚫었다. 문고리는 얇은 원형판 위로 돌출된 중앙부 고리 연결 부분에 원형 면을 각지게 처리한 타원형 손잡이를 끼운 형식이다. 특히 원형판의 전면에는 선각으로 섬세한 초화무늬를 장식하여 화려함을 주었다. 이 문고리와 자물쇠는 전 흥법사염거화상탑傳興法寺廉居和尙塔(844년)의 탑신에 장식된 문고리 모양과 흡사하여 자물쇠 밑으로 두 개의 고리가 좌우로 부착되는 통일신라 당시 전각殿閣의 문에 실제 사용된 예라고 생각된다.

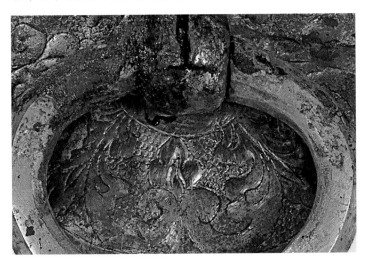

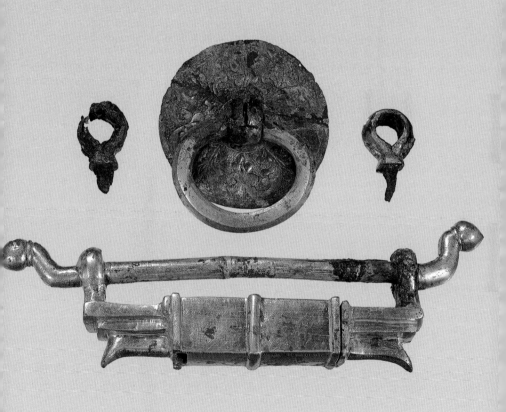

84. 청동봉황뉴개주전자

청동봉황뉴개주전자
고려 11~12세기,
높이 26.5cm,
국립춘천박물관 소장

참고. 청동주전자(아래)
고려 12~13세기,
국립춘천박물관 소장

고려시대의 일반적인 주전자와 달리 호리병 형태의 몸체와 뚜껑에 봉황이 장식된 독특한 기형을 지니고 있는 작품이다. 몸체는 아랫부분이 둥글고 위로 가면서 잘록하게 좁혀지다가 다시 바깥으로 살짝 벌어졌으며, 뚜껑은 모자처럼 둥글게 솟아올라 있는데, 뚜껑 중앙에 날개를 세우고 꼬리를 말아 올린 한 마리의 봉황을 정교하게 조각하여 부착하였다. 일반적인 주전자와 달리 주구부注口部는 도톰하면서 그 면을 각지게 처리하였고, S자형처럼 굴곡을 이루도록 만들었다. 손잡이도 단순한 원형이 아니라 곡선을 이루다가 다시 꺾이면서 각을 이루는 등 변화를 주었다. 아울러 뚜껑과 연결되는 부분에는 용 머리를 장식하였고, 용의 입으로 연결 부분을 물고 있는 형상이다.

85. 은제도금탁잔

은제도금탁잔
고려 12세기,
높이 12.1cm,
국립중앙박물관 소장

여섯 번의 굴곡을 이룬 육엽화형六葉花形의 넓은 전이 달린 잔 받침은 아래에 높은 굽이 달려 있으며, 중앙에 높게 돌출된 잔받침대〔잔대盞臺〕를 두어 은제잔을 올렸다. 바깥으로 벌어진 잔받침의 굽 위에 잎무늬를 얕게 음각하였고, 이 문양은 잔의 구연부와 굽에도 동일하게 사용되었다. 폭이 넓은 전의 각 면 중앙에는 연당초무늬를 유려하게 음각하였고, 움푹 파인 잔받침의 둘레에는 그보다 길이가 짧아진 연당초무늬로 장식하였다.

잔을 올려놓은 잔받침의 윗부분에는 각 릉稜을 돌출된 한 쌍의 세로 선으로 나누었고, 그 안에 중앙의 꽃을 중심으로 사방으로 연결된 연꽃 무늬를 타출시켜 더욱 화려하게 꾸몄다. 더불어 잔이 올려지게 되는 보이지 않는 부분까지 빠짐없이 화려한 문양으로 장식한 세심한 배려가 돋보인다. 위에 올려진 잔은 잔받침과 꼭 들어맞도록 굽의 외형을 만들고 굽을 따라 바깥으로 벌어진 6릉의 몸체 구연부에도 굴곡에 맞게 5릉으로 굴곡을 만들었다. 잔 몸체의 바깥쪽에는 각 면마다 위로 솟은 꽃 무늬를 음각하였으며, 잔 내부의 바닥에는 둥근 연꽃무늬를 중심으로 잎무늬가 에워싼 모습을 음각하였다.

전체적인 구성에서 보여지듯 크기를 서로 달리한 꽃 모양의 6릉을 이용하여 잔과 잔받침을 구성한 참신한 조형성과 함께 타출 기법으로 새긴 정교한 문양이 돋보이는 수작으로, 고려시대 금속공예의 귀족적인 면모를 여실히 살펴볼 수 있다. 동일한 형태의 상감청자象嵌靑磁가 유행했던 시기보다 조금 앞서는 12세기에 제작된 작품으로 추정된다.

은제도금탁잔의 내면
內面

86. 청동은입사수반

청동은입사수반
고려 12~13세기,
지름 77.3cm,
국립전주박물관 소장

**도면. 청동은입사수
반 문양(오른쪽)**

수반은 일종의 세숫대야로 대반大盤·동반銅盤 등으로 불리운다.『고
려도경』에 의하면 재질과 무늬에 따라 은화세銀花洗, 오화세烏花洗, 백
동세白銅洗로 분류하는데, 은화세는 은입사 수반을 가리키고, 오화세는
채색 수반을, 그리고 백동세는 무늬나 채색이 전혀 없는 수반을 가리키
는 것으로 보인다. 그 가운데 백동세는 고려에서 빙분氷盆이라 불렸다
고 한다.

이것은 대야로서는 보기 드문 대형 작품으로, 전면을 빈틈없이 은입
사로 화려하게 시문한 은화세의 일종임을 알 수 있다. 둥글게 돌아간
넓은 전의 외연을 도톰하게 말아 번개무늬를 장식하였고, 전 부분에는
당초무늬를 은입사하였다. 대야의 안쪽 바닥 면은 그 외연 부분을 원권
으로 두른 뒤 중앙에 칠보형의 큰 여의주를 중심으로 두 마리의 용이
서로 반대 방향으로 작은 여의주를 잡으려는 듯한 모습을 시문하였으

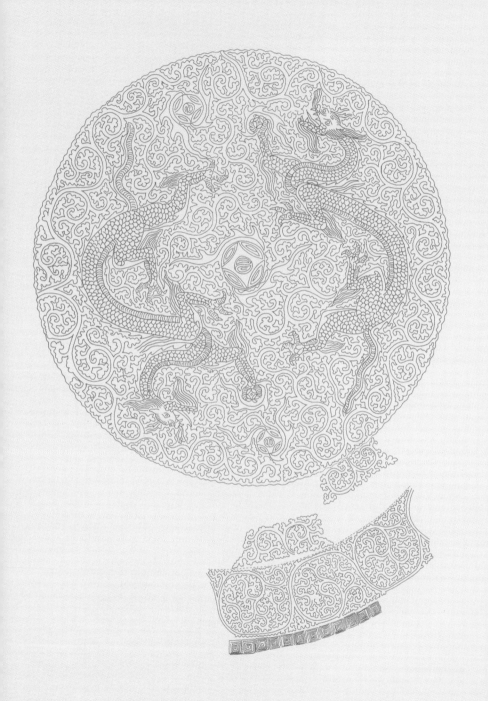

며, 여백도 역시 당초무
늬를 빈틈없이 은입사하
였다. 고려시대 은입사
기법의 금속공예품이 대
야에까지 활용된, 당시
귀족사회의 풍요로운 일
면을 반영해주는 자료이
다. 일반적인 용도의 세
반이라기보다는 왕실용,
또는 사찰에서 관불의식
灌佛儀式을 행할 때 쓰이
는 관불반灌佛盤으로 추
정된다.

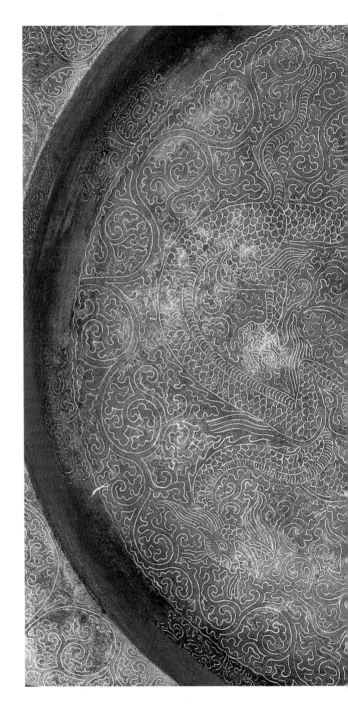

청동은입사수반 안쪽 바닥

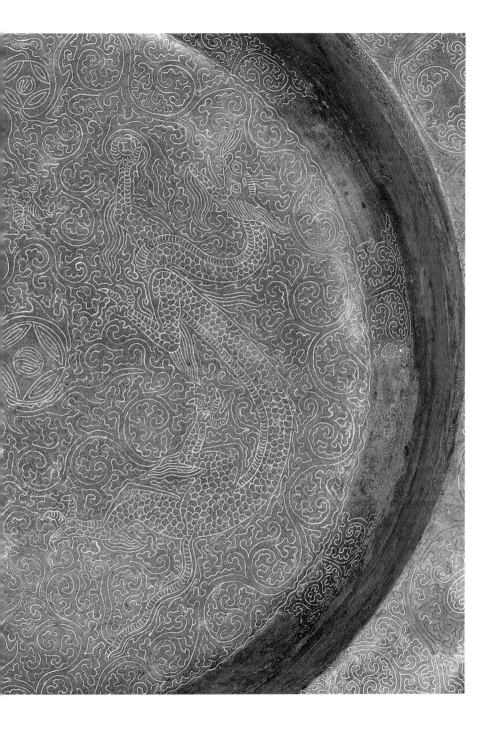

87. 철제구리은입사화로

철제구리은입사화로
조선 19세기,
높이 21cm,
국립중앙박물관 소장

윗부분(아래 왼쪽)

도면. 윗부분(아래 오른쪽)

은과 구리로 표면에 입사 장식을 한 뚜껑이 달린 철제화로이다. 포도나무 아래에서 포도를 따 먹고 있는 사슴 한 쌍과 소나무 아래에서 이와 비슷한 포즈를 취하고 있는 사슴 한 쌍, 대나무를 사이에 두고 마주서 있는 두 마리의 학, 둥근 해가 뜬 망망대해에 나란히 떠 있는 거북한 쌍이 원형 구획 안에 시문되었다. 이들은 십장생도에 자주 등장하는 모티브로서, 장생불사를 기원함과 동시에 쌍을 이룬 다정한 동물로부터 부부 금슬을 은유하는 백년해로의 의미로 각종 그림이나 공예품에 자주 사용된 소재들이다. 뚜껑에는 팔괘와 박쥐 등을 시문하였고, 번개무늬와 연환連環무늬 등의 연속 문양으로 외곽선과 바탕을 장식하였다. 철제화로에 쪼으기 기법으로 문양을 장식하였는데, 선과 면을 적절히 섞으면서 은과 구리로 색채의 변화를 주어 장식적인 효과를 더하였다.

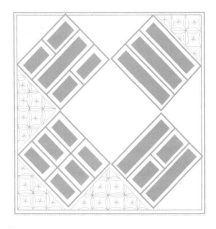

334

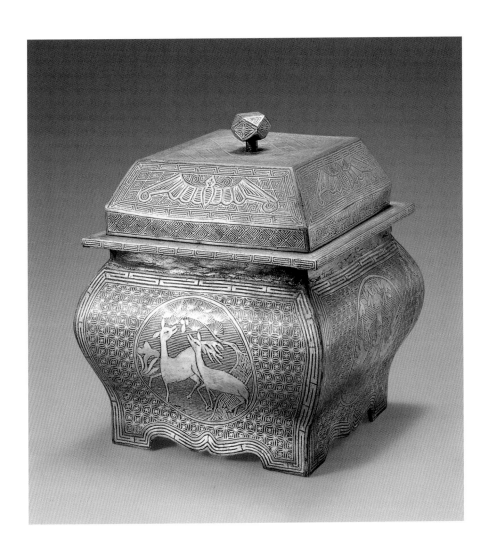

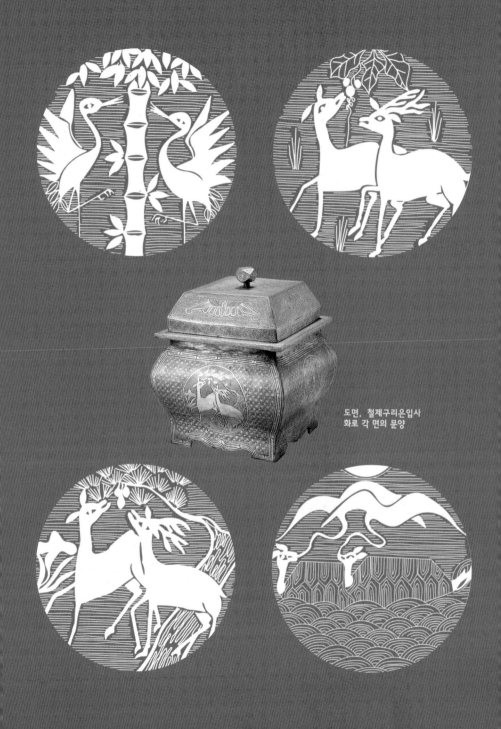

도면. 철제구리은입사
화로 각 면의 문양

88. 열쇠패 및 별전

중앙에 있는 열쇄패는 방형 구멍이 뚫어져 있고, 위아래에 '옥자玉子'라는 명문과 방형 구멍 좌우에 병을 들고 서 있는 동자 두 명을 부조한 모습이다. 원형의 외곽 주연부를 돌아가며 아홉 개의 작은 구멍을 뚫었으며, 후면에는 '천계통보天啓通寶'를 새겼다.

그 상단에 있는 열쇠패는 원형 테두리를 이중으로 두르고 내부에는 주병과 단지를 들고 있는 동자입상을 고부조하였으며, 그 주위에 꽃무늬를 장식하였다. 이 동자상은 양 머리를 트레로 묶고 치마와 같은 옷을 입고 신발을 가지런히 신은 모습이다. 뒷면에는 만卍자무늬를 새겼다.

왼쪽 윗부분에 있는 별전은 꽃 모양의 외연 안에 원형 테두리를 두르고 내부에는 수자壽字무늬를 중심으로 동일한 형식의 동자입상과 위에는 두 마리의 학을, 아래쪽에는 박쥐를 부조하였다. 위쪽 면에는 낚시바늘과 같은 고리가 연결되어 있으며 뒷면에는 '수복강녕부귀다남자壽福康寧富貴多男子'의 명문을 새겼다.

별전은 실제 사용된 돈이 아니라 수복강녕壽福康寧·부귀富貴·다남多男 등의 목적을 가지고 별도로 제작된 부적의 일종이다. 조선시대의 노리개, 괴불과 함께 매달아 몸에 지니고 다니며 길상吉祥과 구복求福, 벽사辟邪의 용도로 사용되었다.

오른쪽 윗부분에 있는 열쇠패는 십장생무늬를 바탕으로 투각 장식하였고, 중앙에 엽전형 방형 구멍을 뚫어 그 주위에 '오군만년吾君萬年'이라는 명문을 태극무늬를 사이에 두고 부조하였다. 반대편 중앙에는 '부귀다남富貴多男'의 명문을 새겼다. 외연 원형 테두리에 뚫려진 일곱 개의 작은 구멍마다 고리 장식을 달았고, 가운데 윗부분에는 낚시 바늘

열쇠패 및 별전
조선 말.
지름 6.2~11.2cm,
국립중앙박물관 소장

337

모양의 고리를 달았다.

아래 왼쪽에 있는 별전은 꽃 모양의 외형으로, 내부의 방형 투공透孔 주위로 동자입상과 위에는 학, 아래는 박쥐를 새겼고, 5엽의 꽃 모양 테두리 안에 각각 한 마리의 박쥐를 새겨넣었다. 중앙 상단에는 걸기 위한 Ω 모양의 고리가 달려 있다.

아래 오른쪽에 있는 별전은 윗부분에 귀형鬼形 고리를 만들어 귀면鬼面의 양 귀 쪽에 두 개의 고리를 달았으며, 하트형의 몸체 안에는 수자무늬를 중심으로 좌우에 동자입상과 박쥐를 둥글게 돌아가며 부조하였다. 테두리를 돌아가며 여덟 개의 작은 구멍이 뚫려 있다. 뒷면에는 '수복강녕부귀다자壽福康寧富貴多子'의 명문과 용무늬를 장식하였다.

도움이 되는 글과 그림

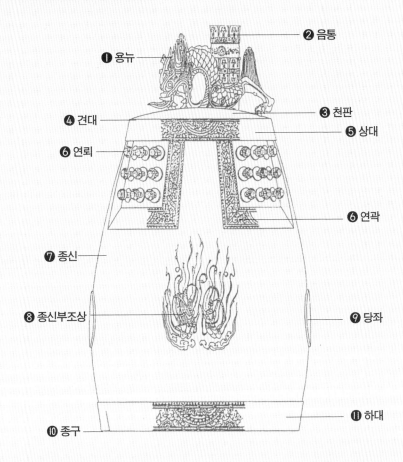

❶ 용뉴　　❷ 음통

❹ 견대　　❸ 천판　　❺ 상대

❻ 연뢰

❻ 연곽

❼ 종신

❽ 종신부조상　　❾ 당좌

❿ 종구　　⓫ 하대

❶ **용뉴**龍鈕 용머리와 휘어진 목으로 구성된 종을 매다는 고리를 말한다. 일본 종과 중국 종은 하나의 몸체로 이어진 쌍룡인 데 반해 우리나라의 종은 한 마리의 용으로 구성된다. 용뉴의 용은 원래 고래를 무서워한다는 가상의 동물인 포뢰蒲牢를 상징한다고 알려져 있다.

❷ **음통**音筒 용통甬筒·음관音管이라고도 불리는 대롱 모양의 관이다. 종의 공명과 관계되는 음향 조절의 기능을 고려하여 만들어진 것으로 추정된다. 우리나라 범종에서만 볼 수 있는 독특한 양식 가운데 하나로서, 내부가 비어 있고 하부에는 종의 몸체와 관통되도록 작은 구멍을 뚫어놓았다. 음통이 신라의 삼보三寶 가운데 하나인 만파식적萬波息笛을 상징한다는 견해가 있기도 하지만 종을 매달기 위한 고리 부분을 강화하면서도 장식적인 효과를 주기 위한 것이라 볼 수 있다.

❸ 천판天板 용뉴와 음통이 있는 넓고 편평한 종의 상부 면이다. 통일신라 종~고려 전기 종의 천판 가장자리에는 연판무늬 띠를 둥글게 돌아가며 시문한 경우가 많다. 이 천판 부분에는 대체로 주물을 부은 흔적이 남아 있다.

❹ 견대肩帶 천판 외연을 돌아가며 연판무늬 띠가 둘러진 장식대이다.

❺ 상대上帶 천판과 연결된 종신 상부의 문양 띠로 통일신라에는 주악천인상이나 보상화무늬, 연당초무늬를 새겼고, 고려시대에는 연당초무늬와 보상화무늬 외에 국화무늬, 번개무늬 등이 다양하게 장식된다. 조선시대에는 범자무늬로 상대를 구성한 예가 많으며, 아예 상대가 생략된 종의 예도 보인다.

❻ 연뢰蓮蕾 · **연곽**蓮廓 연꽃봉오리 형태로 돌출된 장식을 연뢰라고 하고, 그 장식을 싸고 있는 방형곽을 연곽이라고 한다. 우리나라 종은 방형곽 안에 반드시 9개씩의 돌출 장식이 배치되며 그 형태도 의도적으로 연꽃봉오리를 묘사하고 있다. 일본 종은 종마다 그 수효가 일정치 않으며 형태도 작은 돌기형이다. 따라서 일본 종의 유두乳頭라는 명칭과 달리 우리나라 종은 연뢰로 불러야 하며 이 연뢰가 배치된 곽도 연곽 또는 연실蓮室로 부르는 것이 타당하다.

❼ 종신鐘身 종의 몸체로 통일신라 종은 대체로 윗부분이 좁고 아래로 가면서 불룩해지다가 다시 종구 쪽이 좁아지는 독과 같은 형태를 취하였다. 고려시대에는 종구 쪽이 좁아지는 경향이 점차 사라져 직선화된 경우가 많으며 조선시대는 고려 말 중국 종의 영향을 통해 종신이 점차 바깥으로 벌어지거나 원추형, 삼각형과 같은 다양한 모습으로 변모된다.

❽ 종신부조상鐘身浮彫像 종신의 당좌와 당좌 사이 앞뒤 면 동일하게 주악천인상과 공양자상, 비천상, 불 · 보살상, 보살입상 등을 장식한다. 통일신라 종은 주로 악기를 연주하는 주악상을, 고려시대의 종은 비천상, 불 · 보살좌상을 장식하며 조선시대의 종은 보살입상을 배치하는 것이 일반적이다.

❾ 당좌撞座 종을 치는 자리로 마련된 원형의 연꽃무늬와 그 주위의 당초무늬 장식을 말한다. 통일신라 종은 종신의 삼분의 일쯤 되는 가장 도드라진 종복부鐘腹部에 배치되며 고려시대 종은 하대 쪽에 치우쳐 있는 경우가 많다. 그 수효도 통일신라 종은 반드시 앞뒤 두 군데이지만 고려 종은 네 개로 늘어나기도 하며 조선시대 종은 당좌가 생략되기도 한다.

❿ 종구鐘口 종의 터진 입구 부분을 말한다. 일본 종에 비해 우리나라 종은 두께가 얇게 주조된 것을 볼 수 있으며 통일신라 종의 종구는 안쪽을 만져보면 안으로 오므라들게 처리되었다. 종의 공명이 쉽게 빠져나가지 못하도록 배려한 의도적인 구성으로 추측된다.

⓫ 하대下帶 종구에 연결되는 아래 문양 띠로, 상대와 동일한 문양 구조로 장식되는 것이 일반적이지만 서로 다른 문양으로 구성한 예도 간혹 보인다.

	구름	물가 풍경	박쥐
삼국시대			
통일신라시대	청동제금은입사향아리(8~9세기)		
	25. 청동제함은향완(1177년)	청동제은입사수병(11~12세기)	
고려시대	86. 청동은입사수반(13세기)	31. 청동제은입사포류수금무늬정병(12세기)	
	청동제은입사함평궁주방명향완(13세기)	청동제은입사정병(12세기)	
	청동제은입사향완(15~17세기)		철제은입사쟁반(19세기)
조선시대	29. 청동제은입사백장사명향완(1584년)		철제은입사쟁반(19세기)
	69. 철제은입사촛대(18세기)		87. 철제구리은입사화로(19세기)

철제은입사고리자루칼(6세기)

27. 청동제은입사봉황무늬향합(12세기)

25. 청동제함은입사향완(1177년)

26. 청동제은입사흥황사명향완(1229년)

86. 청동은입사수반(13세기)

28. 청동제은입사통도사명향완(13세기)

청동제은입사정병(13세기)

30. 철제은입사향로(19세기)

청동제은입사향완(1674년)

87. 철제구리은입사화로(19세기)

69. 철제은입사촛대(18세기)

69. 철제은입사촛대 (18세기)

68. 철제시명촛대(18~19세기)

철제은입사고리(19세기)

	새	사슴	연꽃
삼국시대			
통일신라 시대	76. 동제금은입사수하쌍수무늬소호(8~9세기)	76. 동제금은입사수하쌍수무늬소호(8~9세기)	청동제은입사정병(12세기)
고려시대			
조선시대			철제은입사부석사명향완(1739년) 철제은입사장식(19세기) 철제은입사장식(19세기)

당초	연화당초	범자

금동제은입사병(8~9세기)

26. 청동제은입사흥왕사명향완(1229년)

26. 청동제은입사흥왕사명향완(1229년)

25. 청동제함은향완(1177년)

28. 청동제은입사통도사명봉황문향완(13세기)

청동제은입사함평궁주방명향완(13세기)

청동제은입사함평궁주방명향완(13세기)

청동제은입사진종사명향완(1366년)

청동제은입사진종사명향완(1366년)

청동제은입사진종사명향완(1366년)

청동제은입사동화사명향완(1653년)

청동제은입사청곡사명향완(1397년)

청동제은입사청곡사명향완(1397년)

철제은입사부석사명향완(1739년)

청동제은입사동화사명향완(1653년)

29. 청동제은입사백장사명향완(11584년)

철제금은입사사인참사검(18~19세기)

철제은입사부석사명향완(1739년)

철제은입사부석사명향완(1739년)

자료제공 : 국립중앙박물관

	300	600	700

삼국시대

369 백제 철제금입사칠지도
567 백제 창왕명석조사리감

백제 창왕명석조사리감

634 경주 분황사모전석탑
　　사리장엄구
645 경주 황룡사구층목탑
　　사리장엄구

경주 분황사모전석탑 사리구 온합

영주 출토 금동제

통일신라 시대

682 경주 감은사터동서탑 사리장엄구
7c 백제금동대향로

경주 감은사터동탑 사리기

백제금동대향로

692 · 706 경주 황복사터
　　삼층석탑금동외함 · 은합 · 금합
725 상원사종
751 경주 불국사석가탑 금동외함 ·
　　무구정광대다라니경
766 산청 석남사납석제사리호
771 성덕대왕신종
8c 영주 출토 금동제용두

상원사종

성덕대왕신종

불국사석가탑 금동외함

고려시대

800

900

1000

함통6년명금구

금동수정상감촉대

황룡사구층목탑 찰주본기

왕궁리오층석탑 금동제외함 · 금제방형사리합 · 녹색유리사리병

청동제손잡이향로

월정사팔각구층석탑 사리장엄구

금동대탑

도리사 금동제육각당형사리기

청녕4년명종

함옹9년경암사명반자

1100	1200	1300

1100

1107 건통7년명종
1177 청동제함은향완
1196 명창7년명종
11~12c 청동쌍사자광명대
11~12c 청동봉황뉴개 주전자
12c 청동제은입사정병
12c 은제호신불감
12c 금동연지동자무늬경갑
12c 은제도금타출신선무늬향합

1200

1214 정우2년경선사명금고
1216 영일 오어사종
1217 정우5년봉업사명금고
1222 부안 내소사종
1229 청동제은입사홍왕사명향완
1233 탑산사종
1252 임자안양사명금고
12~13c 은제도금타출화조무늬 팔찌
12~13c 청동은입사수반
12~13c 청동제은입사포류수금 무늬향완
13c 양산 통도사 청동제은입사 용무늬정병
13c 청동제은입사통도사명향완
13c 청주 사뇌사터 출토 금강령

1300

1346 개성 연복사종
1351 지정11년감은사명반자
1390 · 1391 이성계발원 사리장엄구
11~14c 쌍룡무늬 거울
13~14c 청동삼고저
14c 수종사 부도 사리장엄구
14c 청동제은입사만자무늬정병
14c 청동관음보살 · 보탑무늬원형경상
14c 청동관음 · 공작명왕선각경상

고려시대

청동제함은향완

건통7년명종

청동제은입사정병

통도사 청동제은입사용무늬정병

청동은입사수반

지정11년감은사명반자

청동삼고저

1392 홍무25년장흥사명종

조선시대

1400   1600   1800

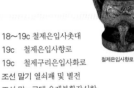

철제은입사향로

1447 정통13년명태안사대발

1468 보신각종

1469 양양 낙산사종

1469 남양주 봉선사종

1584 청동제은입사배장사명향완

1584 공주 갑사동종

1605 법주사팔상전 사리장엄구
　　　동제방형탑지 · 은제사리호

17c 전반 숙신공주묘 출토 은제화장호

1620, 1759 남양주 봉인사 석가세존부도
　　　사리장엄구

1711 강화동종

1739 철제은입사부석사명향완

18~19c 철제은입사촛대

19c　철제은입사향로

19c　철제구리은입사화로

조선 말기 열쇠패 및 별전

조선 말~근대 은제봉황장식함

보신각종

갑사동종

청동제은입사백장사명향완

숙신공주묘 출토 은제화장호

남양주 봉인사 석가세존부도 사리장엄구

철제은입사촛대　　은제봉황장식함

결가부좌結跏趺坐 부처의 좌법坐法으로 좌선할 때 앉는 방법의 하나. 왼쪽 발을 오른쪽 넓적다리 위에 놓고 오른쪽 발을 왼쪽 넓적다리 위에 놓고 앉는 것을 길상좌吉祥坐라고 하고 그 반대를 항마좌降魔坐라고 한다. 손은 왼 손바닥을 오른 손바닥 위에 겹쳐 배꼽 밑에 편안히 놓는다.

계주髻珠 부처의 상투 가운데 있는 보배 구슬로 머리와 육계肉髻 사이에 구슬 모양으로 표현된다. 본래 전륜성왕轉輪聖王이 정수리에 구슬을 두었다가 가장 공로가 큰 병사에게 이 구슬을 주었다는 이야기가 전해진다. 이를 『법화경法華經』에서 전륜성왕을 부처에 비유하고 구슬을 대승의 가르침에 비유함에 의거하여 대체로 통일신라 하대 이후의 불상과 불화에서 불두佛頭에 표현되었다.

곡옥曲玉 옥을 반달 모양으로 다듬어 끈에 꿰어 장식으로 쓰던 구슬을 일컫는다.

공작명왕상孔雀明王像 밀교의 신들 중의 하나로 대체로 팔이 네 개 달린 보살형으로 표현되며, 보통 독사毒蛇와 독충毒蟲의 천적天敵으로 알려진 공작을 타고 연꽃, 구연과俱緣果, 길상과吉祥果, 공작 깃털을 손에 든 모습으로 알려져 있다.

관세음보살觀世音菩薩 아미타불의 왼편에서 교화를 돕는 보살로, 『법화경法華經』에 나오는 사보살四菩薩 가운데 하나이다. 세상의 소리를 들어 알 수 있는 보살이므로 중생이 고통 가운데 열심히 이 이름을

외면 도움을 받게 된다고 한다.

관옥管玉 구멍을 뚫은 짧은 대롱 모양의 구슬이다. 구슬 가운데 가장 먼저 발생한 형식으로, 우리나라에서는 신석기시대부터 조선시대까지 주로 목걸이에 썼다. → 대롱옥

광배光背 부처의 몸에서 나는 '진리의 빛'을 형상화한 것. 빛을 시각화한 불꽃무늬(화염문火焰文)와 화불化佛 및 갖가지 식물무늬로 장식된다. 머리광배(두광頭光)와 몸광배(신광身光), 그리고 이 둘을 포함하는 거신광擧身光이 있다.

귀꽃 장식 통일신라시대에 들어 석제부도나 석등 또는 금속제 건축 모형 공예품 등에서 장식성을 높이기 위해 기단의 모서리나 옥개의 모서리를 인동忍冬무늬로 꾸민 예를 볼 수 있으며 이를 귀꽃이라 일컫는다.

나발螺髮 불상 중 소라 모양으로 된 여래상如來像의 머리카락. 소라 껍데기처럼 틀어 말린 모양이라 하여 이렇게 이른다.

나전螺鈿 **기법** 광채가 나는 자개 조각을 여러 가지 모양으로 옻칠한 공예품에 박아 넣거나 붙여 장식하는 칠공예 기법이다.

능화형稜花形 꽃잎 끝이 뾰족하게 처리되어 있는 꽃 모양을 이른다.

당목撞木 종을 치는 나무망치. 『삼국유사』

에는 종에 포뢰蒲牢가 달렸고 종을 치는 당목撞木을 고래 형태(경어鯨魚)로 만들었다는 기록이 보인다. 포뢰는 고래를 무서워한다는 가상의 동물인데, 종을 치는 당목을 고래로 만들었다는 것은 당시 당목의 형태를 짐작해볼 수 있는 자료이다.

당번幢幡 불교를 상징하는 채색 직물에 글이나 문양, 그림 등을 그리거나 각종 구슬을 엮어 사찰 경내에 걸어 불·보살을 장엄하는 깃발.

당초唐草**무늬** 이집트와 메소포타미아의 팔메트Palmette 문양이 그리스, 로마, 인도 등지로 퍼져 실크로드를 통해 중국에서도 유행되었으며 덩굴풀의 모양으로 표현된다.

당탑형堂塔形 사각 또는 팔각의 법당이나 단층의 보탑 형태를 말한다.

동심원同心圓**무늬** 한 점을 중심으로 크기가 다른 여러 개의 원이 중첩되어 있는 무늬이다.

두광頭光 부처나 보살의 정수리에서 나오는 빛. 탱화 따위에서 머리 언저리에 동그라미를 그려 나타낸다.

라마불교喇嘛佛敎 티베트를 중심으로 발전한 불교의 한 파. 8세기 중엽 인도에서 전래한 밀교密敎가 티베트의 민속과 풍토에 동화되어 발달한 종교로, 기도와 주문으로 극락왕생하려는 관음觀音 신앙임. 북

인도·몽골·네팔·중국 동북 지방 등지에도 퍼져 있으며 고려시대에 중국 원나라를 통해 우리나라에 전래되었다.

명문구銘文區 종신에 방형이나 긴 장방형으로 별도로 곽을 만들어 주종에 관련된 명문을 새기는 곳. 고려시대에는 그 테두리를 위패형의 장식으로 돌리기도 하였다.

모란당초牡丹唐草**무늬** 풍성한 모란꽃 무늬에 당초를 결합하여 보다 화려하게 장식하기 위한 문양으로 고려시대에 각종 공예품의 테두리 문양이나 바탕 문양으로 즐겨 사용되었다.

무구정탑無垢淨塔 『무구정광대다라니경無垢淨光大陀羅尼經』에 의거하여 경전의 법식대로 만들어진 탑이다. 경주 창림사를 林寺터에서 발견된 탑지에 '무구정탑'을 세운다고 쓰여져 있어 통일신라시대부터 이러한 탑 이름을 정식으로 썼던 것으로 생각된다.

박산博山**향로** 중국 한漢나라 때 도가사상을 바탕으로 신선 산을 표현한 향로.

범자梵字**무늬** 본래 산스크리트어를 적는 데 쓰는 인도의 옛 글자로, 불교의 전래와 함께 우리나라로 전해져 불교적 의미를 담은 다라니陀羅尼로 불교 미술품에 쓰여졌다.

범천梵天 제석천帝釋天과 함께 불교의 대표적 신의 하나. 원래 인도에서 제석은 인

드라 신이며 범천은 브라만 신으로 부르는데, 둘 다 고대 인도 최고의 신이다.

보개寶蓋 → 산개傘蓋

보관寶冠 보살이 쓰고 있는 관冠을 높여 부른 말.

보당寶幢 본래 당번幢幡을 뜻하나, 당번을 걸기 위한 당간幢竿까지 총칭하여 쓰기도 한다.

보상당초寶相唐草**무늬** 보상화와 당초를 결합한 무늬.

보상화寶相花**무늬** 모란꽃과 연꽃을 결합시켜 보다 화려하게 만든 이상화된 꽃무늬로 통일신라시대 이후 문양 전돌을 비롯한 각종 미술품 장식 문양으로 쓰여졌다.

복련覆蓮 꽃부리가 아래로 향한 것처럼 그린 연꽃 모양, 또는 그런 무늬.

부도浮屠 고승高僧의 사리를 안치한 탑.

비사문천왕毘沙門天王 사천왕 중 북방다문천왕을 일컫는 또 다른 명칭.

비천상飛天像 하늘를 날아다니는 천인으로 불교 미술품에서 비천상을 그려 천상 세계를 표현한다.

사격자斜格子**무늬** 대각선의 빗금을 교차시켜 마름모꼴의 무늬가 반복되도록 구성

한 무늬.

사경변상도寫經變相圖 백지白紙나 감지紺紙, 비단 등에 먹이나 금·은을 사용하여 경전을 쓴 것을 사경寫經이라 하며, 이 사경의 권卷 머리에 경전 내용과 심오한 교리를 함축하여 한 폭의 그림으로 설명한 것을 사경변상도라고 한다.

사리공舍利孔 탑 안에 사리를 모시기 위한 공간을 만들어놓은 것으로 석탑의 경우에는 주로 탑신이나 기단의 돌 자체에 원형 혹은 사각형으로, 목탑에는 주로 심초석 윗면에 만들지만 전탑의 경우에는 별도의 석함을 만들기도 한다.

사리장엄구舍利莊嚴具 사리와 사리를 봉안하기 위한 다중 구조의 용기 및 탑 안에 들어가는 각종 공양구를 포함한 일체를 말한다.

사자좌獅子座 불타佛陀가 앉아 있는 대좌를 말한다. 이는 사자의 용맹한 자세를 불타에 비유하는 것이다.

사천왕상四天王像 상상의 산 수미산須彌山 중턱 사천왕천에서 동서남북을 지키는 네 명의 신이다. 동방은 지국천왕持國天王, 서방은 광목천왕廣目天王, 남방은 증장천왕增長天王, 북방은 다문천왕多聞天王으로, 모두 손에는 지물持物을 들고 있으나 북방 다문천왕이 보탑을 드는 것을 제외하면 도상이 일정하지 않다. 중국 당말唐末·오대五代 이후로 북방 다문천왕은 비

사문천왕毘沙門天王으로 불려지며 재보財寶의 수호신으로 널리 신앙되었다. 우리나라에는 고려시대의 경상鏡像과 호지불護持佛 등에서 그 영향을 살필 수 있다.

산개傘蓋 햇빛을 가리는 일종의 우산으로 고귀한 분을 모실 때 받쳐주는 것이다. 특히 인도에서는 낮에 기온이 덥기 때문에 외출시 이러한 산개의 사용이 일반적이었던 것으로 생각되는데 이것이 스투파 위에도 올려진 것은 전륜성왕, 즉 부처의 존귀함을 상징한다.

삼존三尊 본존과 그 좌우에 모시는 두 분의 부처나 보살을 통틀어 이르는 말. 석가삼존, 아미타 삼존, 약사 삼존 등이 있다.

쇄수관음灑水觀音 관음은 부처에 귀의하는 누구라도 각자의 처한 상황에 맞게 33화신으로 몸을 변화하여 도움을 주는 보살로 알려져 있다. 쇄수관음은 관음이 변화한 33화신 중의 한 분으로, 쇄수란 중생을 보호하는 불가사의한 힘을 지닌 감로수甘露水를 뿌려 번뇌를 없애는 것을 뜻한다. 여기에 덧붙여 쇄수보살은 거센 파도에 표류하는 배를 구제하는 해난 구제자로도 신앙되었다.

수미단須彌壇 사원의 본전本殿 정면 중앙에 불·보살상을 모셔 두는 단. 고대 인도의 우주관에 따르면 세계해世界海의 남쪽 섬인 남섬부주南贍部洲의 중심에 있는 높은 산을 수미산이라고 부르며, 수미산은 본존本尊의 거처라고 보았다. 수미단이란

이 수미산을 본뜬 것으로 사각·팔각·원형등의 모양이 있다.

수월관음보살水月觀音菩薩 수월관음을 주제로 한 그림은 주로 남인도의 바다에 면한 보타락가산補陀洛迦山의 바위 위에 반가좌半跏坐의 모습을 한다. 이 반가사유半跏思惟의 모습은 인간이 가지고 있는 환상이, 꿈 또는 물에 비친 달이 덧없음과 같다는 것을 깨우침으로써 인생의 고난을 초월하도록 도와주는 것이라고도 생각된다. 관음보살은 삼국시대부터 불상으로 표현되었으나 고려시대에 들어와서 더욱 많은 이들에 의해 신앙되었으며, 이에 따라 이를 주제로 한 수월관음도, 양류관음도楊柳觀音圖 등의 불화들도 많이 그려졌다.

수인手印 불·보살이 자신이 스스로 깨달은 바를 밖으로 표현하기 위해서 짓는 손모양. 불상의 존명을 확인하는 데 가장 중요하며, 부처는 물론 보살과 승려들도 지을 수 있다.

수자壽字**무늬** 목숨 수壽자를 그려 넣어 무병 장수를 뜻하는 길상 문자 무늬.

수하쌍수樹下雙獸**무늬(수하쌍조**樹下雙鳥**무늬)** 나무 아래에 두 마리의 짐승이나 새가 마주한 모습을 그린 회화적인 문양으로 페르시아에서 즐겨 쓰던 무늬가 서역과 중국을 통해 우리나라에 전래되어 통일신라시대 미술품에 자주 사용되었다.

심엽형心葉形 하트 모양.

심초석心礎石 목탑의 심주心柱를 받치는 기둥 받침돌로, 일반적으로 사리가 봉안되는 장소이기도 하다.

십장생도十長生圖 장생불사長生不死한다는 해·산·물·돌·구름·소나무·불로초·거북·학·사슴의 열 가지를 그린 그림으로 오래 살기를 기원하는 뜻으로 그려졌다.

쌍엽칠보雙葉七寶**무늬** 본래 칠보란 전륜성왕만이 지닌다는 일곱 가지 귀한 보물에서 유래하였으나 이것이 차차 길상吉祥무늬로 형상화되어 사용되었다. 그중 여러 개의 원이 사방으로 교차하여 나타나는 문양도 칠보무늬의 하나로 불리며 쌍엽칠보란 그중 반원에 해당하는 부분만으로 연결되어 두 개의 잎이 돋아난 것처럼 표현된 것을 말한다.

아미타구품인阿彌陀九品印 아미타여래는 설법을 듣는 중생의 근기根器(마음의 그릇)에 따라 설법 내용을 달리하는데, 중생을 근기에 따라 상품상생上品上生에서부터 하품하생下品下生까지 아홉 단계로 나누어 설한다. 수인의 종류는 상품상생인·상품중생인·상품하생인·중품상생인·중품중생인·중품하생인·하품상생인·하품중생인·하품하생인의 아홉 가지 종류가 있으며, 9품이 갖는 의미는 신앙인의 근기에 대응한 아홉 가지 구분이다. 상품은 엄지와 검지를, 중품은 엄지와 장지를, 하품은 엄지와 약지를 맞댄 모양을 하고 있으며 상생, 중생, 하생에 따라 손의 자세가

달라진다.

앙련仰蓮 연꽃이 위로 향한 것처럼 그린 모양, 또는 그런 무늬.

앙복련仰覆蓮 연꽃이 위로 향한 것과 아래로 향한 것을 함께 그린 모양, 또는 그런 무늬.

어자魚子**무늬** 금속공예품에서 작은 동그라미 형태로 새긴 문양을 뜻하며, 물고기 알과 같이 생겼다 하여 어자문魚子文이라고 일컫는다. 삼국시대부터 불교 미술품 등에 드물게 사용되었으나 통일신라시대에는 대표적인 바탕 무늬로 자주 사용되었다.

여의두如意頭**무늬** 여의如意란 고승이 설법이나 법회 등을 할 때 손에 들어 권위를 상징하는 의식 용구로서, 그 머리 장식의 모양과 유사한 무늬를 여의두무늬라고 일컫는다. 원형이 확실치 않으나 구름 또는 꽃잎의 변형으로 여겨지며 테두리 문양에 즐겨 쓰인다.

연주連珠**무늬** 구슬을 이어놓아 띠를 돌린 장식으로서 상·하대의 외곽, 연곽의 가장자리, 당좌의 외연 등에 주로 장식된다.

연판蓮瓣**무늬** 무늬가 표현될 미술품의 외곽을 돌아가며 연꽃잎을 앙련 또는 복련으로 돌리는 장식으로, 이 연꽃잎 문양을 일컫는다.

연화당초蓮花唐草**무늬(연당초**蓮唐草**무늬)** 연꽃과 당초를 결합시킨 무늬로 테두리 또는 바탕 문양으로 쓰인다.

연화좌蓮華座 활짝 핀 연꽃 모양의 대좌로 앙련 또는 복련으로 표현되었다.

연환連環**무늬** 둥근 고리 모양의 장식을 연속하여 장식한 무늬.

용마루 지붕 가운데 부분에 있는 가장 높은 수평 마루.

움통〔명동鳴垌〕 우리나라 종은 지상에서 낮게 띄워 매달아놓고 종구 아래쪽의 땅을 움푹 파거나 독을 묻은 경우가 많다. 종을 쳤을 때 울림소리가 종구에서 빠져나와 이곳에서 다시 소리를 반사시킴으로써 여운을 길게 하도록 고안된 시설로 보인다.

육자광명진언六字光明眞言 조선 초기 범종에서 등장하는 옴마니반메훔의 여섯 자로 구성된 다라니로서 파지옥진언破地獄眞言과 함께 조선시대 범종에 널리 쓰인다. 그러나 조선 중기 이후가 되면 육자광명진언과 가운데 옴자 한 자나 두세 자만을 사용하여 시문하는 예가 많다.

인왕상仁王像 불탑 또는 사찰의 문 양쪽을 지키는 수문신장守門神將으로 불법 수호신守護神 가운데 하나이다. 금강역사金剛力士·이왕二王·이천왕二天王 등으로도 불리며, 불교 경전에서는 금강수金剛手·금강밀적천金剛密迹天·집금강신執金

剛神·금강신金剛神·인왕역사仁王力士 등의 여러 이름으로 등장한다. 보통 사찰의 문, 불전의 입구, 불상의 좌우, 탑의 문 등의 양쪽에 상체는 벗어 근육의 굴곡이 드러난 모습을 한 채 한 쌍으로 된 조각이나 그림으로 표현된다.

입상화문대立狀花文帶 범종의 천판天板과 몸체의 연결 부위에 꽃잎무늬를 입체적으로 세워 장식한 문양띠. 고려시대 종에서는 입상화문대가 있고 없고에 따라 고려전기와 후기 종을 구분하는 커다란 양식적특징으로 자리 잡는다. 대체로 12세기 말까지 입상화문대가 없으며 13세기 초(승안承安6년명종 : 1201년)에서부터 입상화문대가 장식되기 시작한다. 조선시대 종은 대부분 입상화문대가 없으나 전통형 종을 따른 범종의 경우 일부 사용된다.

절지折枝**무늬** 꽃가지를 꺾어 놓은 모습을 문양으로 표현한 것이다.

제석천帝釋天 고대 인도의 최고신인 인드라가 불교에 귀의하여 대표적 불교신의 하나가 되었다. 주로 범천梵天과 쌍을 이루어 표현된다.

주심포 양식 목조건축에서 기둥 위에 지붕을 얹을 때 지붕의 하중을 기둥에 고르게 전달함과 동시에 장식적인 면도 고려한 여러 가지 부재가 사용되는데 그 대표적인 것 중의 하나가 공포栱包이다. 주심포란 기둥 위에만 공포를 배치하는 형식으로서, 기둥 사이에도 공포를 두는 다포多包양식

보다 고식에 속하는 것으로 고려 말 이후에는 보기 힘든 양식이다.

주악천인상奏樂天人像 비파·생황·금·장구·북·피리 등의 악기를 연주하는 모습으로 표현된 천인상이다.

준제관음상准提觀音像 준제관음은 준제불모准提佛母라고도 불리며 그 명칭이 여성명사로 칠억의 불모佛母, 즉 모성母性을 상징하는 관음으로서 널리 신앙되었다. 눈이 세 개에 팔이 열여덟 개 달린 모습을 하고 있으며 각각의 손은 수인手印을 결하거나 지물을 들고 있다.

지물持物 약항아리나 연꽃, 정병과 같이 불상이나 보살상 등이 손에 쥐고 있는 물건이다.

진단구鎭壇具 고대에 사찰 건물의 기단 등에 나쁜 기운이 근접하지 못하도록 진압하기 위하여 기단 하부 축조시에 각종 물건을 공양하는데, 이를 진단구라고 한다.

찰주刹柱 목탑에서는 심주라고 부르고 있으며 석탑에서 일반적으로 찰주라고 부른다. 이는 상륜을 세우기 위하여 반드시 필요한 것으로 대부분 쇠로 주조된 원뿔형 구조물에 하나하나의 부재들을 끼우도록 되어 있다.

천개天蓋 불상을 덮는 일산日傘이나 법당 불전佛殿의 탁자를 덮는 닫집. 부처의 머리를 덮어서 비, 이슬, 먼지 따위를 막는다.

치미 전각殿閣, 문루門樓 따위 전통 건물의 용마루 양쪽 끝머리에 얹는 장식 기와. 매의 머리처럼 쑥 불거지고 모가 난 두 뺨에 눈알과 깃 모양의 선과 점을 새겼다.

칠보공양七寶供養 칠보공양이란 진귀한 물건을 부처에게 바치는 것을 말한다. 여기에서 칠보란 본래 금·은·청옥·수정·진주·마노·호박 등의 일곱 가지 귀한 보석을 뜻한다.

칠보七寶**무늬** 칠보란 전륜성왕만이 지닌다는 윤보輪寶·상보象寶·마보馬寶·여의주보如意珠寶·여보女寶·장보將寶·주장신보主藏臣寶의 일곱 가지 귀한 보물에서 유래하였으나 이것이 차차 길상무늬로 형상화되어 문양으로 사용되었다.

타출打出 **기법** 금이나 은 등 전연성이 뛰어난 재질의 금속제품을 안팎으로 두드려 문양을 도드라지게 표현하는 금속 문양 장식 기법.

탑지塔誌 탑을 세우게 된 내력이나 시주자 등의 이름을 적은 글로 탑 내부에서 발견된다. 주로 금속이나 돌에 새겨넣는 경우가 많은데, 탑의 제작 연대를 아는 데 결정적인 역할을 한다.

팔부중八部衆 사천왕의 권속眷屬으로 불법佛法를 수호하는 8명의 신으로, 천天·용龍·야차夜叉·건달바乾闥婆·아수라阿

修羅・가루라迦樓羅・긴나라緊那羅・마후라가摩睺羅伽를 말한다.

평탈平脫 **기법** 청동거울 표면에 얇은 금판이나 은판을 여러 가지 모양으로 오려 칠로 붙여 장식하는 기법.

포류수금蒲柳水禽**무늬** 강가에 버드나무와 부들 등을 배경으로 물새들이 헤엄치거

나 나는 모습을 회화적으로 그려낸 무늬로 고려시대 공예품에 즐겨 사용되었다.

환環**무늬** 둥근 고리 모양의 장식 무늬.

횡대橫帶 고려 말 연복사종演福寺鐘(1346년)과 같은 중국 종 양식을 통해 유입된 종신 중간을 가로지른 여러 줄의 띠. 조선시대 전기 종에서 널리 장식된다.

학생과 일반인들이 읽으면 도움되는 책

강우방, 『한국 불교의 사리장엄』, 열화당, 1993.
강우방, 『한국미술, 그 분출하는 생명력』, (주)월간미술, 2001.
김희경, 『사리구』, 대원사, 1989.
신대현, 『적멸의 궁전 사리장엄』, 한길아트, 2003.
이난영, 『고려경 연구』, 신유, 2003.
이난영, 『한국 고대 금속공예 연구』, 일지사, 1992.
이난영, 『한국 고대의 금속공예』, 서울대학교출판부, 2000.
이호관, 『범종』, 대원사, 1989.
이호관, 『한국의 금속공예』, 문예출판사, 1997.
홍윤식, 『불교의식구』, 대원사, 1996.

이 책을 쓰는 데 도움을 받은 책

국내

보고서 · 논문집
『한국의 범종』, 국립문화재연구소, 1996.
『경주나원리 오층석탑 사리장엄』, 국립문화재연구소, 1998.
『감은사지 동삼층석탑 사리장엄』, 국립문화재연구소, 2000.
『백제금동대향로 - 발굴 10주년 기념 연구 논문 자료집』, 국립부여박물관, 2003.

도록
『금속공예』, 한국미술전집 5, 동화출판공사, 1973.
『금속공예』, 중앙일보, 1985.
『공예』 국보 5, 예경, 1986.
『연세대학교 박물관 전시품 도록』, 연세대학교박물관, 1988.
『국립전주박물관』, 국립전주박물관, 1990
『불사리장엄』, 국립중앙박물관, 1991.
『국립박물관 소장 한국의 동경』, 국립청주박물관, 1992.
『대고려국보전』, 호암미술관, 1995.

『불교의식구』, 동국대학교박물관 · 통도사 · 국립민속박물관, 1995.

『조선전기국보전』, 호암미술관, 1996.

『고려말 조선초의 미술』, 국립전주박물관, 1996.

『국립중앙박물관』, 국립중앙박물관, 1996.

『국립부여박물관』, 국립부여박물관, 1997.

『우리나라 금속공예의 정화 - 입사공예』, 국립중앙박물관 · 국립광주박물관, 1997.

『조선후기국보전』, 호암미술관, 1998.

『한국전통문양 1』- 금속공예 · 입사 기본편, 국립중앙박물관, 1998.

『한국전통문양 1』- 금속공예 · 입사 활용편, 국립중앙박물관, 1998.

『불사리신앙과 그 장엄』, 통도사성보박물관, 2000.

『국립청주박물관』, 국립청주박물관, 2001.

『국립춘천박물관』, 국립춘천박물관, 2002.

『하늘꽃으로 내리는 깨달음의 소리 - 한국의 범종 탁본전』, 직지사성보박물관, 2003.

단행본

서긍 지음, 정용석 · 김종윤 공역, 『선화봉사 고려도경』, 움직이는 책, 1997.

서정록, 『백제금동대향로』, 학고재, 2001.

염영하, 『한국 종 연구』, 정신문화연구원, 1984.

염영하, 『한국의 종』, 서울대학교출판부, 1991.

이난영, 『한국의 동경』, 한국정신문화연구원, 1983.

주경미, 『중국 고대 불사리장엄 연구』, 일지사, 2003.

진홍섭, 『한국 금속공예』, 일지사, 1980.

최응천, 『한국불교미술대전』 권 4, 한국색채문화사, 1994.

국외

藏田藏 編, 『日本の美術 - 佛具』, 1967.

有賀要延, 『平成新編 佛教法具圖鑑』, 1981.

東京國立博物館, 『日本の金工』, 1983.

淸水乞, 『佛具辭典』, 東京堂出版, 1983.

奈良國立博物館, 『密敎工藝』, 1992.

京都國立博物館, 『金色のかざり- 金屬工藝にみる日本美』, 2003.

찾아보기

사진 및 자료 제공

최응천	동국대학교박물관
김연수	연세대학교박물관
김성철	월정사성보박물관
	직지사성보박물관
국립경주박물관	통도사성보박물관
국립대구박물관	호암미술관
국립민속박물관	
국립부여박물관	
국립전주박물관	
국립중앙박물관	
국립청주박물관	
국립춘천박물관	

그 외에 이 책을 만드는 데 도움을 주신 박물관, 미술관, 관련 연구소,
문화재 소장가 및 소장 사찰 등 관계 기관 여러분께 감사드립니다.

한국 美의 재발견 · 8
금속공예

초판 인쇄 2003년 12월 20일
초판 발행 2003년 12월 31일

지은이 | 최응천 · 김연수
펴낸이 | 임양묵
펴낸곳 | 솔출판사
편집진행 | 윤미향 · 서민경
디자인 | 디자인소동
출력·분해 | 푸른 서울
인쇄 | 삼성문화인쇄

주소 | 서울 마포구 서교동 342-8
전화번호 | 02-332-1526~8
팩시밀리 | 02-332-1529
전자우편 | solpu@chollian.net
홈페이지 | http://www.solbook.co.kr
출판등록 | 1990년 9월 15일 제10-420호

ISBN 89-8133-678-7 04900
ISBN 89-8133-604-0 04900 (세트)